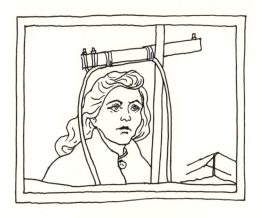

木谷佳楠
KITANI, Kanan

アメリカ映画とキリスト教

120年の関係史

キリスト新聞社

序　章

はじめに

　アメリカ合衆国という国名からは、自由や平等、民主主義といった言葉が連想されるだろう。リンカーンがゲティスバーグ演説の冒頭で、アメリカという国は「自由という理念の上に、そしてすべての人は平等に創られているという命題によって建国された」と述べ、「人民の、人民による、人民のための政治」と結んでいることに代表されるように、自由・平等・民主主義はアメリカ合衆国の基本理念である。

　そうであれば、理念的には宗教的自由も当然保障されており、特定の宗教が国家のあり方に関与することはないはずである。しかし、その「自由の国」アメリカ合衆国で、実はきわめてキリスト教的価値観に近いアメリカ独自の包括的な宗教が見えないかたちで存在しており、それは建国以来、アメリカ文化を形成する根本的な原理であり続けているのである。もちろんアメリカは「宗教国家」を標榜してはいない。しかし、そこには「ピルグリム・ファーザーズ」以来、連綿と続くキリスト教的価値観に基づいた伝統が流れており、キリスト教とアメリカという国の間に引かれた線は鮮明ではないのである。

　アメリカ合衆国憲法修正第１条は、信教の自由、ならびに言論・報道の自由を保障する際、連邦議会が、芸術やマス・メディア、あるいは政治の領域に特定の宗教の教義を持ち込むことを禁じている。その一方で、アメリカ映画に関しては、修正第１条が掲げる言論の自由という権利が与えられるべきか否か、という議論が時代を通して繰り返しなされてきた。すなわち、映画は作家の思想を表現する「芸術」なのか、あるいは市民との間

に金銭授受を介して消費される「商品」なのかという議論である。そして、仮に映画が「商品」であるとするならば、適切な品質管理がなされるべきである（つまり、内容の検閲が必要）というのが、宗教団体や教育委員会などによる主張である。しかし問題は、単に映画が「芸術」か「商品」かという議論で片づけられるものではない。その背景には、映画という文化がアメリカにおいてどのような経緯で生まれ発展してきたのか、そして、多民族国家であるアメリカが「自分たちは何者なのか」、「自分たちはどこから来て、どこへ行くのか」というアイデンティティーに関わる問題が横たわっているである。

　映画という文化が誕生したのは約110-120年前のことである。アメリカでは発明王のトーマス・エジソンがその先駆者であった。しかし、やがて映画を大衆文化へと広めていった担い手は、当時ニューヨークやシカゴという東部の大都市で職業選択の自由が与えられていなかったユダヤ系移民たちであった。そのような成立過程から、自分たちをアメリカ系アメリカ人、すなわち「白人のアングロサクソン系プロテスタント信徒」であると自負する勢力から、もともと映画業界は攻撃されやすかったのである。

　やがて映画製作の中心が東部から西部のハリウッドへ移動し、映画がマス・エンターテインメントになるにつれて、攻撃はより激しいものへと発展していく。そうした非難の背景には、映画製作者たちが映画の興行成績を上げるために、より刺激的で大衆受けのする内容の作品を作っていったことへの嫌悪感もあったが、それだけでなく、信仰熱心なキリスト教徒による反ユダヤ主義的感情も多分にあったのである。例えば、ハリウッドの映画製作者が恋愛映画を作ると、「ユダヤ系移民がプロテスタント信徒の風紀や道徳律を映画によって乱している」という批判が巻き起こり、逆に聖書に基づいたイエス物語の映画を作ると、「イエス・キリストを死に至らしめたユダヤ人が、キリストの死によって金儲けをしている」と叩かれたのである。

序章

　そのような非難の声の高まりを受けて、やがていくつかの州では州立の検閲委員会を立ち上げて映画の検閲を行うようになり、その影響から、当事者である映画業界も自主検閲機関を設けて検閲を行うようになる。注目すべきは、これらの検閲のプロセスにおいて、「何がアメリカ市民の目に触れるに相応しいのか」を決める基準が、ほとんどキリスト教に基づく価値観に依存していたという点である。この価値観による検閲では、イエス・キリストを人間の俳優が演じることは冒瀆であるとされた。また、キリスト教の聖職者を面白可笑しく描くのも愚弄であるとされた上、性的不品行は結婚の神聖さを乱す害悪であるとされたのである。

　このような検閲が公然と行われる一方で、第二次世界大戦や冷戦、そして9.11後の対テロ戦争勃発の際には、映画業界は政府からの要請を受け、「神の国アメリカ」のイメージを促進するプロパガンダ映画を製作する。そうすることによってハリウッドは、戦争を「聖戦」化する政治にも参与してきたのである。特に1981年、元ハリウッド俳優で共和党のロナルド・レーガンが大統領に就任し、その支持基盤であるキリスト教右派勢力が台頭すると、映画業界もレーガン支持者を筆頭に、自分たちの映画表現を大きく変化させていったのである。

　自由・平等・民主主義が基本理念であるアメリカで製作される映画において、憲法修正第1条で守られた信教の自由、言論の自由は本当に有効なのであろうか。本書はこの問いを中心に、一般に「表現の自由」が守られていると見なされているアメリカ映画において、実はいかにきわめてキリスト教に近いアメリカ独自の宗教的価値観が影響力を及ぼし、映画表現のあり方をコントロールしてきたのかについて、映画とキリスト教の約120年における関係性を通史的に考察することで明らかにしようとするものである。

目 次

序 章
  はじめに 3

第1章 映画の誕生とキリスト教（1880-1920年代） 13
  序 13

 第1節 スクリーンに甦ったイエス 15
  1-1 オーバーアマガウの受難劇 15
  1-2 映画黎明期のイエス表象 18
  1-3 セシル・B・デミル 21

 第2節 新しい伝道のツールとしての映画 24
  2-1 映画の持つ伝道への可能性 24
  2-2 映画を用いた説教への試み 26
  2-3 女性伝道者の活躍 29

 第3節 検閲前夜の「罪の街」ハリウッド 32
  3-1 ハリウッドとキリスト教界との関係性悪化 32
  3-2 ユダヤ系映画製作者の台頭 35
  3-3 自主検閲機関の設立 38

  結 40

第2章　プロダクション・コードの施行と検閲の開始
（1930–40年代）　43

　　序　43

第1節　カトリック教会による反発の高まりと検閲の開始　43

- 1-1　プレ・コード期の映画における自由な女性表象　43
- 1-2　カトリック教会からの反発　47
- 1-3　プロダクション・コード採用とプレ・コード期の終焉　49

第2節　十戒としてのプロダクション・コード　52

- 2-1　前文と一般原則　52
- 2-2　12箇条の禁止事項　54
- 2-3　検閲のプロセス　58

第3節　キリスト教的価値観で規制される映画　60

- 3-1　プロダクション・コード施行後における女性表象の変化　60
- 3-2　戦時下のハリウッド　62
- 3-3　プロテスタント教会のハリウッドに対する反応　65

　　結　68

第3章　「神の国アメリカ」とエリア・カザン（1950年代）　71

　　序　71

第1節　ハリウッドの「赤狩り」　73

- 1-1　「赤狩り」が残した爪痕　73
- 1-2　ハリウッドにおける「赤狩り」の開始　74
- 1-3　永遠の「ユダ」としてのエリア・カザン　76

第2節　映画『波止場』におけるキリスト像　81

- 2-1　ハリウッドでの居場所を失ったカザン　81
- 2-2　再起を賭けた『波止場』　82
- 2-3　ハリウッドの「ユダ」が提示したキリスト像　86

第3節　プロダクション・コード崩壊前夜　89

- 3-1　隠れ蓑としての映画におけるキリスト教的テーマ　89
- 3-2　聖書を題材にした娯楽大作　91
- 3-3　プロダクション・コードに対する挑戦　95

　結　98

第4章　「古き良き時代」の終焉（1960–70年代）　101

　序　101

第1節　検閲の廃止　102

- 1-1　ロッセリーニの『奇蹟』　102
- 1-2　「ミラクル判決」によるカトリックとプロテスタントの関係悪化　104
- 1-3　プロダクション・コードの廃止　107

第2節　「伝統的価値観」の喪失　109

- 2-1　1960–70年代における社会状況の変化　109
- 2-2　反キリストの家庭進出——ヒッチコックの『サイコ』　110
- 2-3　ハーヴィー・コックスの世俗化論　114

第3節　映画に再び現れたイエスとジーザス・ムーブメント　116

- 3-1　リベラル化が進んだ社会における保守的イエス像　116

        3-2　非宗教的キリスト教とジーザス・ムーブメント　　118
        3-3　ジーザス・ムーブメント下における新しいイエス像　　122
    　結　123

第5章　キリスト教右派の台頭（1980年代）　127
    　序　127

  第1節　ジーザス・ムーブメントから福音派へ　128
    1-1　ビル・ブライトとキャンパス・クルセード　　128
    1-2　UCバークレーの「浄化計画」　　131
    1-3　クリスチャンのためのウッドストック──Explo'72　　134

  第2節　レーガン政権下における「神の国アメリカ」の復活　137
    2-1　短命だったアメリカン・ニュー・シネマ　　137
    2-2　1976年──ザ・イヤー・オブ・エヴァンジェリカル　　140
    2-3　相次ぐ宗教ロビーの設立と新保守主義の台頭　　143

  第3節　マーティン・スコセッシの『最後の誘惑』と文化戦争　145
    3-1　保守化社会における不幸な映画監督　　145
    3-2　『最後の誘惑』に対する宗教右派の抵抗　　147
    3-3　『最後の誘惑』と文化戦争の開戦　　149
    　結　151

第6章　終末思想とアメリカ映画（1990-2000年代）　155
    　序　155

第1節　9.11以降のアメリカ映画　156

　1-1　「対テロ」戦争とハリウッド　156

　1-2　9.11以降のアメリカ映画の変化　161

　1-3　メル・ギブソンの『パッション』　164

第2節　終末論的ディザスター映画　166

　2-1　ユダヤ・キリスト教的価値観によるディザスター映画　166

　2-2　ディザスター映画の時代的変遷　167

　2-3　映画『地球が静止する日』に見る終末観と教訓物語　170

第3節　キリスト教福音派の終末思想とその映画に与える影響　173

　3-1　福音派の人々の差し迫った終末観　173

　3-2　前千年王国説　174

　3-3　患難前携挙説とラプチャー・ムービー　175

　結　177

終　章　179

あとがき　187

参考文献一覧　193

映画製作倫理規定（1934-66年）　203

第1章　映画の誕生とキリスト教
（1880-1920年代）

序

　ヴァルター・ベンヤミンは『複製技術時代の芸術作品』で、「石版画にイラスト入り新聞が潜在的に含まれていたとすれば、写真にはトーキー映画が潜在的に含まれていた」と述べている。[1] ベンヤミンが言うように、写真という技術ができた時点で、すでにそれには動くポテンシャルが含まれていたのである。そして、写真はセルロイドの開発によって、動く映像に変容する。

　ここで注目に値するのは、フィルム・ベースに柔軟性のあるセルロイドを採用することを思いついたのが、ハンニバル・グッドウィンという聖公会の司祭であったということである。[2] 彼は教会の子どもたちに分かりやすく聖書の話を教えるために視覚教材が有効であると考え、独自に写真の投影技術の研究を重ねていた。そして、イーストマン・コダックの創業者であるジョージ・イーストマンより先にオープン・リール方式の特許を

1　Walter Benjamin et al., *The Work of Art in the Age of Its Technological Reproducibility, and Other Writings on Media* (Harvard University Press, 2008), 21.

2　Deac Rossell, *Living Pictures: The Origins of the Movies* (State University of New York Press, 1998), 68.

1887年に申請していたのである。グッドウィンは、映画を子どもたちのために使う目的で研究を重ねていたのではあるが、グッドウィンをはじめとして、その頃活躍した牧師の中には、積極的に映画を礼拝で用いたり、説教に映画を使ったりする者もおり、映画を宣教の手段として用いる様々な試みがなされていたのである。

　キリスト教は、それが自覚的か無自覚的かは別にして、イエスの言葉を聞いた弟子やその他の人々が口伝承として伝えたオーラル・メディアに端を発している。そして、聖書編纂後の書き写しによるテクスト・メディア、さらにはグーテンベルクが印刷機を発明した後は、近代に至るまで長く、プリント技術が可能とした大量印刷によるテクスト・メディアを宣教の主たる手段として用いてきた。とりわけプロテスタント教会はテクスト・メディアである聖書を信仰の基礎として、説教というオーラル・メディアによって会衆に神の言葉を伝えるという方法をとってきた。一方で、中世以来、ヨーロッパの国々に林立した巨大な大聖堂は、壮大なステンドグラスを伴った建築空間を荘厳な音楽で満たし、それ自体がオーディオ・ビジュアル・メディアであった。

　このようにキリスト教はその最初期から、様々な宣教のツールとしてのメディアと密接に結びつきながら活動を続け、19世紀末に映画という新しいメディアと出会うことになる。したがって、テクスト・メディアとオーディオ・ビジュアル・メディアが統合されたこの新しいメディアを教会がおおむね好意的に受け入れたことは、さして驚くにはあたらないだろう。実際に映画が誕生した初期の頃、キリスト教界と映画界は蜜月関係にあったのである。

3　Gerardo Marti, *Hollywood Faith: Holiness, Prosperity, and Ambition in a Los Angeles Church* (Rutgers University Press, 2008), 49-50. 後にイーストマンとグッドウィンは法廷で争うことになり、グッドウィンが勝訴している。

第1章　映画の誕生とキリスト教

　本章では、映画が誕生した1890年代から、その蜜月関係に亀裂が生じる1920年代までの映画と教会との関係について概括し、何を契機にしてキリスト教界と映画界の関係性が悪化していったのか、そしてその理由はどのようなものであったのかについて明らかにしたい。

第1節　スクリーンに甦ったイエス

1-1　オーバーアマガウの受難劇

　映画が誕生して約120年の間に、イエスは「救い主キリスト」、あるいは「ナザレのイエス」として繰り返しスクリーンに登場してきた。1898年1月28日にニューヨークの劇場エデン・ミュゼで公開された映画史上初のストーリー性のある『オーバーアマガウの受難劇』(The Passion Play of Oberammergau) から現在に至るまで、イエスが登場する映画の数は100本以上にも及ぶ。[4] そして、イエスが物語の中心である映画は、常に話題と論争を呼び起こしてきた。近年ではメル・ギブソン監督の『パッション』(The Passion of the Christ, 2004年) が記憶に新しいが、アメリカにおけるイエスを描いた映画は、その製作段階から常に「反ユダヤ主義的」「神への冒瀆」というふたつの批判にさらされる危険性を内包しているのである。

　実にこの問題は、『オーバーアマガウの受難劇』が撮影された頃からすでに顕在化していた。この映画は、ドイツのオーバーアマガウで10年に一度上演される受難劇から構想を得て製作されたものであるが、実際はアメリカ人によってニューヨークのビルの屋上で撮影されたものである。しかもこの映画は受難劇という困難なテーマを扱っているということから、世間による非難を避けるために極秘で撮影が行われた上、あたかもドイツの

4　Adele Reinhartz, *Jesus of Hollywood* (Oxford University Press, 2007), 2-4.

オーバーアマガウで撮影された映像のように紹介されたのである。[5]

しかしながら、このような受難劇にまつわる問題は、『オーバーアマガウの受難劇』から約20年前の1879年にサンフランシスコのグランド・オペラ・ハウスで上演された演劇に端を発している。このキリストの受難をテーマにした演劇はアメリカ国内で初めて上演されたものであり、当時のアメリカ社会に大きな衝撃を与えた。受難劇を観に行った観客の中には、俳優が演じるイエスに向かってひざまずいて祈ったり、磔のシーンでは気を失う者が出たりした。また、この劇の影響で、ユダヤ系に見える人やユダヤ系住民が経営する商店を怒りに任せて襲う者まで現れたのである。[6]

しかも、劇も批評家から「馬鹿げていて冒瀆的な金儲けのための見せ物である」と酷評された。カトリック教会からは承認を得られたものの、プロテスタントの牧師たちからは厳しく非難され、ついには俳優たちが逮捕される騒ぎに発展している。このような騒動が起きたため、劇はわずか7回の上演で中止に追い込まれてしまったのである。[7]特に劇作家のサルミ・モースや演出家のデヴィッド・ベラスコがユダヤ系だったことも非難の的となり、「ユダヤ人が娯楽と商業目的でキリストの受難を利用している」と見なされたのである。[8]

---

5 Charles Musser, *The Emergence of Cinema: The American Screen to 1907* (University of California Press, 1994), 213, 216.

6 Kim Marra, *Strange Duets: Impresarios and Actresses in the American Theatre, 1865-1914* (University of Iowa, 2006), 144-148.

7 Arthur Gelb and Barbara Gelb, *O'Neill: Life with Monte Cristo* (Applause Theater Books, 2002), 83-84.

8 Marra, *Strange Duets: Impresarios and Actresses in the American Theatre, 1865-1914*, 147. Marraはこのことについて、ゴールド・ラッシュ以降、サンフランシスコにユダヤ系住民が増加したことへの懸念も少なからず影響を与えていると主張する。

第1章　映画の誕生とキリスト教

（図1）*The Sun*（January 30, 1898）

（図2）*New-York Tribune*
（January 30, 1898）

　このような劇が遭遇した困難から、1898年に上映された映画『オーバーアマガウの受難劇』も当然、前途多難が予想された。しかし、秘密裏に撮影が行われ、あたかもこの映画自体はオーバーアマガウの市民が信仰の証しとして演じている劇のように紹介されたことや、映画を娯楽目的ではなく、大学教授による講演を伴った教育的プログラムとして上映することにより、うまく世間からの批判を避けて成功を収めたのである[9]。

　*The Sun*紙の広告（図1）にも*New-York Tribune*紙（図2）にも、「オーバーアマガウの受難劇」と明記されていることが分かる。しかし、プレス試写会で映画を観た記者たちは、これがドイツのオーバーアマガウで撮影されていないことに気づいている[10]。*The Sun*紙の1898年1月29日の記事では、「景色や衣装を見る限り、プログラムが示唆するように、映像が

9　Musser, *The Emergence of Cinema: The American Screen to 1907*, 216; Charles Musser, "Passions and the Passion Play: Theater, Film, and Religion in America, 1880-1900," in *Movie Censorship and American Culture*, ed. Francis G. Couvares (University of Massachusetts Press, 2006), 61.

10　Musser, *The Emergence of Cinema: The American Screen to 1907*, 216; W. Barnes Tatum, *Jesus at the Movies: A Guide to the First Hundred Years* (Polebridge Press, 2004), 3-4.

オーバーアマガウで撮られたと認めることはできない」としつつも、「許容範囲内での受難劇の展示と映画製作技術の進展という観点では非常に興味深いものであった」と結論づけている。このように、イエス・キリストのスクリーン・デビューは総じて好調な滑り出しとなったのである。

1-2 映画黎明期のイエス表象

『オーバーアマガウの受難劇』が予想に反してヒットしてから、次々と類似の映画や聖書を題材にしたものが作られていく。フランスでも1902年から05年にかけてパテ兄弟社（Pathé Frères）が、イエス・キリストの誕生から受難・復活までを描いた『救い主イエス・キリストの生涯と受難』(The Life and Passion of Jesus Christ, Our Saviour) を製作し、1912年にはカナダ人の映画監督シドニー・オルコットが映画『飼葉桶から十字架へ』(From the Manger to the Cross) でイエスの誕生から十字架への磔までを描いている。[11] これら初期の作品における登場人物の衣装やセットは、フランスの画家ジェームズ・ティソや版画家ギュスターヴ・ドレの聖書挿絵をもとに作られており、撮影は、舞台で演じられる受難劇をロングショット

---

11 飛行機のない当時、この映画の撮影がエジプトとパレスチナで行われたことは、物語性を持った商用映画としては非常に稀であり、特筆に値する。例えば、マリアとヨセフがイエスを連れてエジプトに避難するシーンでは、ギザの大スフィンクスとピラミッドが映っており（14分53秒）、イエスが十字架を担いで歩くシーンでは、エルサレムのヴィア・ドロローサで実際に撮影が行われていることが分かる（1時間5分26秒）。ちなみに、イエスがオリーブ山からエルサレム市街を見下ろすシーンでは、イエスの時代には建っていないはずのイスラームの聖地「岩のドーム」が映っている（49分5秒）。なお、この映画の監督はカナダ人だが、配給はアメリカのカレム・カンパニー（Kalem Company）であるため、「アメリカ映画」として扱われる。

でそのままフィルムに収めたような形式であった[12]。やがて、D・W・グリフィスやセシル・B・デミルなどの卓越した映画監督によってモンタージュやクローズ・アップなどの映画技法が創案され、イエスを描いた映画も、よりドラマティックな様相を呈するものとなっていく。

　グリフィスは1916年、イエスの十字架上の死を軸にした四つの時代における人間の「不寛容」を描いた約3時間にも及ぶ映画『イントレランス』(Intolerance) を公開する。この映画の冒頭では「あらゆる時代を通して、いかに憎悪と不寛容が愛と慈善に戦いを挑んできたのか」を示す映画であることが説明されるが、これは前年に白人至上主義団体のクー・クラックス・クラン（Ku Klux Klan）を英雄のように仕立て上げた映画『國民の創生』(The Birth of a Nation, 1915年) をグリフィスが監督した際に受けた批判（不寛容）への反論として作られた映画であると見なされている[13]。

　この映画はイエスのストーリーを直線的に描くのではなく、他の三つの時代に起きたストーリーとクロス・カッティングで繋ぐことで、単なる「聖書の映画化」から「一級の娯楽作品」へと昇華させており、今までのイエス映画とはその点で異なっている。なお、この映画に登場するイエスは、長髪でひげを伸ばして白いガウンに身を包み、伝統的に受け入れられてきた姿をそのまま踏襲している。イエスがこのような姿である理由は、影響力の大きい宗教者から批判を受けないようにと、常に撮影所にアドバイザーとして聖公会の司祭とユダヤ教のラビを伴って意見を仰いだからである[14]。撮影現場にいたカメラマンは次のように語っている。

12　Lloyd Baugh, *Imaging the Divine: Jesus and Christ-Figures in Film* (Sheed & Ward, 1997), 9.

13　Reinhartz, *Jesus of Hollywood*, 13-14; Robert Sklar, *Movie-Made America: A Cultural History of American Movies* (Vintage Books, 1994), 61.

14　Tatum, *Jesus at the Movies: A Guide to the First Hundred Years*, 42.

ある意味、この映画には3人の監督が存在しました。グリフィスは、自らの要求を主張し、結果を出すためにそこにいました。また、ユダヤ教のラビ・マイヤーズはこのキリスト教的ドラマにおけるユダヤ人に関する詳細について指導するためにセットにおり、一方、ドッド司祭はこのユダヤ人の歴史における（イエスの十字架上での死という）出来事を（現代の）クリスチャンが信仰するイメージと一致させるためにいました。そのような状況の中、我々撮影係の苦労を除いて、撮影はわりと順調に進められたのです。[15]

　ところが、ユダヤ教のラビが撮影現場にいたものの、『イントレランス』にはイエスの死がユダヤ人によってもたらされたという描写があったため、グリフィスは、人権擁護活動などを行うユダヤ系の互助組織であるブナイ・ブリス（B'nai B'rith）によりフィルムの一部カットを求めた抗議を受けている。[16] 映画業界紙 *Variety*（1916年4月7日のvol. XLII (42), no. 6）はこのニュースをトップで扱い、「歴史的に十字架刑はローマ式の処刑方法であって、イエスを殺したのはユダヤ人たちではない」ということを示した資料をブナイ・ブリスが提示し、グリフィスに対して48時間以内に該当するシーンをカットするようにとの最後通告を行ったと伝えられている[17]（図

15　Karl Brown, *Adventures with D. W. Griffith* (Da Capo Press, 1976), 137.

16　Tatum, *Jesus at the Movies: A Guide to the First Hundred Years*, 43.

17　この記事の見出し "Mother and Law"（母と律法）は、『イントレランス』に変更される前のオリジナル・タイトルである。この記事では、イエスの処刑シーンの撮影のため、グリフィスがロサンゼルスのユダヤ人居住区へ足繁く通い、長い髭を生やした「伝統的なユダヤ人」に見える住民を多く雇ったと伝えている。これは撮影カメラマンのBrownも認めており、グリフィスが雇ったのは「本物の昔ながらの伝統的ユダヤ人」で「ユダヤ系アメリカ人」ではなかったと言われている(Brown, *Adventures with D. W. Griffith*, 137.)。

3）。グリフィスはこの抗議を受けて、該当する箇所のフィルムを破棄し、もともと30場面あったイエス物語をほとんど削除して7場面に縮小している。そ

> VOL. XLII, No. 6　　　　　　NEW YORK CITY, FR
> **GRIFFITH FORCED TO RE-TAKE SCENES IN "MOTHER AND LAW"**
> B'nai Brith Objected to Showing Saviour Being Nailed to Cross by Hebrews—Confront Producer with Proofs Backed by 48-Hour Ultimatum.

（図3）*Variety*（April 7, 1916）

して撮り直した映像では、イエスの十字架への磔はローマ兵に行わせており、ブナイ・ブリスの要求通りの修正を加えているのである[18]。

　この映画は、十字架におけるイエスの死によってあらゆる時代の争いが終わり、平和が訪れたことを天使たちが告げるというユートピア的な終わり方をする。しかし、現代では「映画史上に残る傑作」と言われているこの作品も、第一次世界大戦が始まり、参戦への気運が高まっていた当時のアメリカの社会状況とは合致せず、興行的には失敗に終わったのである[19]。

1-3　セシル・B・デミル

　1927年には、映画史における最も重要な2本の映画が公開されている。映画を単なる「動く写真」という概念から解放した初のトーキー映画『ジャズ・シンガー』（The Jazz Singer）と、人々の心に長年刻み込まれることになる「動く神の子イエス」の決定版を世に与えた『キング・オブ・キングス』（The King of Kings）である。

18　"Griffith Forced To Re-take Scenes in 'Mother and Law'," *Variety*, vol. 42, no. 6 (April 7, 1916); Matthew Bernstein, *Controlling Hollywood: Censorship and Regulation in the Studio Era* (Rutgers University Press, 2000), 80-81; Reinhartz, *Jesus of Hollywood*, 206.

19　Sklar, *Movie-Made America: A Cultural History of American Movies*, 64; Tatum, *Jesus at the Movies: A Guide to the First Hundred Years*, 44-45.

（図4）H・B・ワーナー

セシル・B・デミル監督の『キング・オブ・キングス』でH・B・ワーナーが演じた「神々しく、慈愛に満ちた」イエス（図4）は、この映画を観た当時の人々に強烈な印象を与え、中にはイエスの名を通して神に祈る時にワーナーの顔を思い浮かべる者も少なくなかった[20]。デミルはこの映画の冒頭で、「これはナザレのイエスの物語である。この御方は、世界の果てまで御自身の教えが行き届くように望まれた。この映画も彼の大宣教命令の一端を担えることを願う」と前置きしているが、実際に『キング・オブ・キングス』は単なる商業映画の枠を超えて様々な教会の集会で、まさに宣教の道具として使用されたのである。このことを踏まえて、デミルはこの映画について、1959年に執筆した自叙伝で以下のように述懐している。

数で言えばおそらく8億の人がこの映画を観ていると私は見積もっている。それでも控えめな数字だろう。なぜならば、近年この映画をテレビで観ている人がどれくらいいるか数知れないし、例えば、プロテスタントやカトリックの宣教師が、いまだかつて映画を観たことがないような人々の住むジャングルに出かけていった時や、蔣介石夫人が私のもとに特使を遣わして朝鮮戦争の捕虜収容所でこの映画の上映を熱望してきた時に、いちいち観た人の数を報告してもらうことはできない。ただ十分に明らかなのは、聖書を除いて、おそらく『キング・オブ・キングス』ほど人々にナザ

20　Stephen Prothero, *American Jesus: How the Son of God Became a National Icon* (Straus and Giroux, 2003), 115.

第1章　映画の誕生とキリスト教

レのイエスの物語を伝えたものは他にないだろう[21]。

　この映画が1927年に公開されて以降、約30年以上もイエスを主人公にした映画が製作されなかったこともあるが、デミルの見積もりは誇張ではなく、実際に『キング・オブ・キングス』は公開後から半世紀の間に世界中で最も目にされた映画である[22]。したがって、デミルが確かに映画の冒頭で公言したように、この映画は「大宣教命令」の一端を担ったと言えるだろう。デミルは『キング・オブ・キングス』以外にも『十戒』(The Ten Commandments, 1923年と56年) や『暴君ネロ』(The Sign of the Cross, 1932年)、『サムソンとデリラ』(Samson and Delilah, 1949年) など数々の聖書を題材にした映画を監督し、映画という娯楽を通して人々に聖書の物語を伝えることに貢献してきた。また、聖公会の司祭になることを目指した父親の影響もあり、『キング・オブ・キングス』を撮影していた際には、出演者やスタッフと毎朝礼拝を守るなど、はばかることなくキリスト教を撮影現場に持ち込んでいたのである[23]。デミルはグリフィスと同様、映画が宗教者から批判を受けないよう複数の教派から聖職者をアドバイザーとして招いた上に、人々の信仰心が高まるイースター前に映画を公開している。そのような試みの甲斐もあり、おおむね批評家からは好意的なレビューで迎えられた[24]。
　しかし、やはりデミルも『キング・オブ・キングス』の内容について複数

21　Cecil B. DeMille, *The Autobiography of Cecil B. DeMille* (Prentice Hall, 1959), 281-282.

22　Tatum, *Jesus at the Movies: A Guide to the First Hundred Years*, 47.

23　デミルが子どもの頃、彼の父親は、司祭になる志半ばで亡くなっている。

24　Richard Maltby, "The King of Kings and the Czar of All the Rushes: The Propriety of the Christ Story," in *Controlling Hollywood: Censorship and Regulation in the Studio Era*, ed. Matthew Bernstein (The Athlone Press, 2000), 78-79.

のユダヤ系の団体から抗議を受けており、グリフィスの『イントレランス』と同様に編集を要求されている。[25]しかしデミルの場合は、すでに世論がこの映画を支持していたため、状況が『イントレランス』とは違っていた。デミルはブナイ・ブリスの代表より、「この映画はそもそも作られるべきものではなかった。しかし、残念ながら、すでに作られてしまったからには、ユダヤ人がイエスの磔に何の関係もなかったように修正されなければならない」と告げられてから、渋々ながら最小限の修正を加えている。それでも抗議が続くため、デミルは最終的に「この映画を公然と攻撃すれば、ユダヤ人は、この映画の支持者である何百万もの人々を敵に回すことになるだろう。不正な攻撃に対して我々は、自己防衛と映画を守るためにどんな手段でもとる」と半ば脅迫めいたことを伝えたとされている。[26]グリフィスの『イントレランス』では、イエスの登場が30場面から7場面にカットされたのに対し、『キング・オブ・キングス』は、デミルの強固な姿勢から、ほとんどの場面は残され、結果としてH・B・ワーナーが演じた「神々しく、慈愛に満ちた」イエスの姿は世界中に広められたのである。

第2節　新しい伝道のツールとしての映画

2-1　映画の持つ伝道への可能性

『オーバーアマガウの受難劇』や『キング・オブ・キングス』を筆頭に、映画黎明期から1920年代後半までの、聖書を題材にした映画は、ステンドグラスや宗教画に代わって宣教の一端を担うという期待で、カトリック、

25　Tatum, *Jesus at the Movies: A Guide to the First Hundred Years*, 58.

26　Maltby, "The King of Kings and the Czar of All the Rushes: The Propriety of the Christ Story," 80.

第1章 映画の誕生とキリスト教

プロテスタントを問わず、当時のキリスト教徒に受け入れられた。

第1節でも触れたように、1898年の『オーバーアマガウの受難劇』は好意的な支持を

（図5）*The Sun*（February 7, 1898）

得て成功を収め、エデン・ミュゼには多くの観客が詰めかける結果となったが、その多くは聖職者を含む教会関係者であった。[27]彼らは、受難劇を人々が観ることによってモラルの向上が見込めると期待し、キリスト教徒の信仰が強められるだけでなく、非キリスト教徒に対して教会の良い宣伝になると考えたのである。公開されてから間もなくの1898年2月7日の*The Sun*紙に掲載された受難劇の宣伝では、次のような観客のコメントが掲載されている。「公演が終わった後、自分がより良い人生を送っていることや、より良い人になろうとしていることに気づいた。そして、かつてないほどに神の教えを知るようになり、それに従っていこうと感じながら劇場を後にした」（図5）。

　サイレント時代における聖書を題材にした映画は、聖書のテキストをほぼ忠実に引用し、その内容から大きく逸脱することはなかった。そのため、一部の聖職者や宗教団体から批判を受けることはあったものの、後の時代の映画のように激しい抗議を受けることはほとんどなかったのである。

　したがって、教会に携わる人々は映画という新しいメディアを肯定的に捉え、積極的に宣教活動へ組み込むようになる。あるデータによると、教会は1900年頃から宣教目的で映画の上映を始めており、1920年頃までには2000ほどの教会がプロジェクターを使用して映画を上映し、またこの

27　Musser, *The Emergence of Cinema: The American Screen to 1907*, 216.

頃にはメソジストや聖公会の宣教師がアジアやアフリカでの宣教活動のために映画を利用していたと言われている。別の統計では、15,000以上もの日曜学校や教会の集会で映画が用いられたとの見方もある[28]。

オルガンや説教壇、会衆席などと同様に、教会がプロジェクターとスクリーンを完備しておかない理由はないと多くの者が考えていたようである[29]。中でも長老派教会はイーストマン・コダックから2000ものプロジェクターの献品を受け、全国の教会で16mmフィルムを使っていた[30]。

2-2　映画を用いた説教への試み

セシル・B・デミルは、宣教の道具に組み込まれつつあった映画をもっと教会は利用すべきだと考えていた。映画という強力なツールはキリスト教の宣教や伝道に役立つものであり、ひいてはアメリカのイメージを向上させることにも役立つと彼は見なしていたのである。デミルはメソジストの牧師ウィリアム・L・スティッジャーに次のように伝えている[31]。

28　Marti, *Hollywood Faith: Holiness, Prosperity, and Ambition in a Los Angeles Church*, 51.

29　Ibid., 52.

30　Terry Lindvall and Andrew Quicke, *Celluloid Sermons: The Emergence of the Christian Film Industry, 1930-1986* (New York University Press, 2011), 19.

31　1930-40年代に活躍した大衆伝道者で、1928-49年までボストン大学神学部で説教学を教えた。「福音伝道初のメディア・スター」と呼ばれ、積極的にラジオや映像による伝道を行うことでも有名であった。アメリカ人初のノーベル文学賞受賞者であるシンクレア・ルイスの1927年の小説『エルマー・ガントリー』(*Elmer Gantry*) のモデルがスティッジャーである。しかしながらこの小説は、当時流行していた大規模伝道集会や熱心な大衆伝道者を揶揄した内容であったため、小説の発表と時を同じくしてスティッジャーとルイスの友情関係は終焉を迎えている。『エルマー・ガントリー』は1960年に映画化され、その年のアカデミー賞主演男優賞、助演女優賞、脚色賞を受賞した。

第1章　映画の誕生とキリスト教

　映画は、人種や国を統一させるための最も大きなファクターとなるだろう。映画は誰でも理解できる国際言語を使っている。例えば、日本人の好戦的愛国者がアメリカの映画を観たとしよう。（映画の中で）彼は、病に冒された可哀想な赤ちゃんを抱いた母親を見る。その母子をアメリカ人の医師が助けようとしている。きっと映画を観ている日本人の心は温められ、「なんだ、アメリカ人はそんなに悪くないじゃないか」と思うだろう。君たち教会関係者は国際的な物事の考え方についていつも話しているが、映画こそがその国際的な物事の考え方を生み出す最も強力なメディアだ。[32]

デミルとスティッジャーがこのようなやりとりをしたのは1932年のことであるが、33年に出版された、当時を代表する32人の牧師の説教を仔細に分析した本 *American Preachers of To-Day: Intimate Appraisals of Thirty-Two Leaders* には、リベラルで社会的福音を支持する牧師アーネスト・フレモント・ティトルによる「現代のヨナ」と題した説教が掲載されており、そこではデミルと類似した意見が述べられている。

　神はユダヤ人たちのことを気にかけているが、ニネヴェの人たちに対しても同様である。神は先住の人々のことを気にかけ、また移民の人々のことも気にかけてくださる。そして、神は肌の色を問わず、あらゆる人種の人々のことを気にかけてくださる。神の愛というものは、偏見を持った人間の頭では計り知れないほど大きなものなのだ。神の気遣いは、白いフードをかぶったKKKの団員が思うよりももっと遠くまで行き届くものなのだ。……（中略）……今の時代では、ハリウッドで撮影されたものは東京で

32　Terry Lindvall, *Sanctuary Cinema: Origins of the Christian Film Industry* (New York University Press, 2007), 194.

観られ、シカゴで話されたことは上海で聞かれる。また、アメリカやヨーロッパの官邸で囁かれた内容は、アジア諸国で教養人の間で話題となり、しばらくすれば、日雇い労働者や人力車を引く人たちの耳にも入るだろう。分断された時代は永遠に終わり、世界的規模で人々が接触し合う時代が訪れたのだ。世界中でますます多くの人が互いに知り合っていくだろう。この時代において、異なる人種間の交わりを阻止するためにあらゆる嫌がらせの行動をとることは、馬鹿げているとしか言いようがない。[33]

　神は、当時のイスラエルの敵であったアッシリアの首都ニネヴェの街に預言者ヨナを遣わし、人々を悔い改めさせて救済を行う。この出来事を記す旧約聖書のヨナ書では、神の救いがユダヤ人に限定されないことが示されている。ティトルはこのヨナ書を説教のテキストとして選び、当時のアメリカにおける社会状況とヨナの時代をパラレルに置き、神の福音が白人のアメリカ人だけに独占されるものではないと説いている。この説教でティトルは、映画という情報メディアを教会がもっと利用するべきであるとデミルのように直接的に述べているわけではないが、映画やラジオのような情報伝達ツールは人種や国境を超えて人々に神のメッセージを届けることができ、人々をひとつにする力があると見ていたことが読み取れる。
　また、同年に発行されたプロテスタント系の牧師を対象にした説教批評雑誌 The Homiletic Review, vol. 105-106 には、「映画説教」（Picture-Preaching）という題名の論考が掲載されている。「思慮深い牧師たちにとって映画を用いた説教は現代における課題である」と前置きした上で、「映画説教」の方法論について論じられている。この論考からも、当時の牧師たちが映画という新しいメディアに対して強い関心を持っていたことが読み取

33　Edgar DeWitt Jones, ed. *American Preachers of To-Day: Intimate Appraisals of Thirty-Two Leaders* (The Bobbs-Merrill Company, 1933), 86-87.

れるのではないだろうか[34]。当時の教会における映画の使用は、デミルが納得するようなレベルには達していなかったのかもしれないが、牧師の多くは、映画が福音宣教や伝道のため、あるいは偏見を解消するためには有用なツールであると認識していたと言える。

2-3 女性伝道者の活躍

1910-30年代にかけて、映画とキリスト教のコラボレーションを試みたのは、何も男性の映画監督や牧師たちばかりではなかった。あまり注目されてはいないが、女性たちの中にも広く活躍した者がいたのである。

当時の映画界で活躍した女性には、ジーニー・マクファーソンやジューン・マシスがいる。マクファーソンは、セシル・B・デミルが監督した『十戒』や『キング・オブ・キングス』の脚本を執筆し、マシスは、大手映画スタジオのメトロ・ゴールドウィン・メイヤー（MGM）の前進であるメトロ社で初の女性幹部に就任し、『黙示録の四騎士』（The Four Horseman of the Apocalypse, 1921年）や『ベン・ハー』（Ben-Hur: A Tale of the Christ, 1925年）などを製作した。

キリスト教界では、女性初の救世軍大将であったエヴァンジェリン・ブースが救世軍の対外的イメージ向上のため、積極的に演劇や映画を利用した。ブースは、第一次大戦中における救世軍の奉仕活動を1919年にパラマウント社が映画化した『信仰の火』（Fires of Faith）に、本人役でも登場している[35]。また、フォースクエア教団の創始者エイミー・センプル・マ

34　*The Homiletic Review*, vol. 105-106 (Funk & Wagnalls, 1933), 452.

35　Stewart M. Hoover and Lynn Schofield Clark, *Practicing Religion in the Age of the Media: Explorations in Media, Religion, and Culture* (Columbia University Press, 2002), 122-124; Diane H. Winston, *Red-Hot and Righteous: The Urban Religion of the Salvation Army* (Harvard University Press, 1999), 191.

クファーソン[36]は、ロサンゼルスに当時最大規模であった礼拝堂アンジェラス・テンプルを建ててドラマ仕立ての礼拝を行っていた。そのショーのような礼拝の評判と、ハリウッド・スターのような容姿からマクファーソンは人気を博し、連日メディアに登場していた[37]。彼女はいち早くラジオ伝道を始めて成功を収めた後、映像による宣教活動を行うために自らアンジェラス・プロダクションも設立している[38]。

また、映画と宣教の両分野でとりわけ卓越した成果を残したのが、アメリカ人女性で初めて長編の劇映画を監督したロイス・ウェバーである[39]。1879年生まれのウェバーは、10代の頃から福音宣教のためにニューヨークの歓楽街に立って説教をしたり、社会奉仕活動を行ったりしていた。しかし、ひとりずつに悔い改めを説くのでは大きな効果が得られないことに気づき、映画業界に目を向けるようになったのである[40]。最初の頃はマイ

---

36 映画の中にも、マクファーソンをモデルにした人物がしばしば登場する。フランク・キャプラの映画『奇蹟の処女』（The Miracle Woman）ではバーバラ・スタンウィック演じる女性伝道者、『エルマー・ガントリー』では主人公の男性が憧れる女性伝道者、そして『ゼア・ウィル・ビー・ブラッド』（There Will Be Blood, 2007年）では主人公の対立者で神癒を行う牧師などである。

37 Edith Waldvogel Blumhofer, *Aimee Semple McPherson: Everybody's Sister* (W.B. Eerdmans Pub. Co., 1993), 13.

38 Matthew Avery Sutton, *Aimee Semple McPherson and the Resurrection of Christian America* (Harvard University Press, 2009), 154–157.

39 「アメリカ人女性初の映画監督」はウェバーだが、世界で初めて映画を監督した女性はフランス人のアリス・ギィ＝ブラシェ（Alice Guy-Blaché）だと言われている。映画会社のゴーモン（Gaumont）でウェバーを雇い、映画製作の仕事を与えたのもブラシェである。Alison McMahan, *Alice Guy Blaché: Lost Visionary of the Cinema* (Continuum, 2002), 71.

40 Cari Beauchamp, *Without Lying Down: Frances Marion and the Powerful Women of Early Hollywood* (Scribner, 1997), 35–36.

ナーな映画にエキストラとして出演していたが、やがて職業を変えて脚本家として成功した後、1914年には初の長編作品『ヴェニスの商人』(The Merchant of Venice)を監督する[41]。その公開と同じ年のインタビューでウェバーは次のように語っている。

> 私は映画というものに生涯の仕事を見出しました。映画こそ、自分の感情や理念を表現できる手段なのです。脚本を書き、主役を演じ、映画そのものを監督する権限を与えられたことによって、(映画を使って)私は心の底から福音を宣べ伝えることができるのです[42]。

この映画で成功を収めた後、ウェバーは、かねてより計画していた社会問題を扱った映画を次々と発表していく。Hop-The Devil's Brew(1916年)ではアルコール依存症の問題を扱い、The People vs. John Doe(1916年)では死刑制度を問題視し、日本でも公開された『暗中鬼』(Where are My Children, 1916年)では人工妊娠中絶や避妊について扱い、『汚点』(The Blot, 1921年)では、富を追い求めるよりも人間愛や倫理的行動をとることの重要性を説いている。ウェバーは50本以上もの映画を監督し、当時活躍していた頃は、D・W・グリフィスやセシル・B・デミルに並ぶほど有名な映画監督であった[43]。やがてウェバーは時代と共に葬り去られるが、そ

---

41 この映画には、後にセシル・B・デミルの映画に数々の脚本を提供する若き日のジーニー・マクファーソンも端役として出演していた。

42 Richard Koszarski, *An Evening's Entertainment: The Age of the Silent Feature Picture, 1915–1928* (University of California Press, 1994), 223.

43 Linda Seger, *When Women Call the Shots: The Developing Power and Influence of Women in Television and Film* (iUniverse, 2003), 8.

れは映画史研究者によると性差別意識に起因すると指摘されている[44]。

第3節　検閲前夜の「罪の街」ハリウッド

3-1　ハリウッドとキリスト教界との関係性悪化

　映画が誕生してから最初の数十年は、映画という新しいメディアが教会にとって宣教の道具として役立つと歓迎されてきたわけであるが、その蜜月期にも1920年代前半から徐々に影が射すようになる。相次ぐハリウッド・スターのスキャンダルが発覚し、「不道徳なスターが出演する映画を観ることで若者の倫理観が損なわれる」と、キリスト教系の団体から映画業界は非難されるようになったのである。

　そもそもの発端は、1921年にロスコー・"ファッティ"・アーバックル（Roscoe "Fatty" Arbuckle）が主催したパーティーで起きたヴァージニア・ラッペ殺人事件であった。当時チャップリンに次ぐ人気コメディアンであったアーバックルは、サンフランシスコのホテルに友人たちを招き、禁酒法時代に密造酒と麻薬を持ち込んで何日もパーティーを続けていた。その結果、パーティーに参加したラッペが密造酒を飲んで昏睡状態に陥り、運ばれた先の病院で死亡したのである。問題はラッペの服が引き裂かれていたことで、これにより様々な憶測が新聞を通じて大々的に報じられ、何の証拠もないままアーバックルは強姦殺人の罪で起訴された。

　また、アーバックルの審理が続く中、数カ月後には映画監督のウィリアム・デズモンド・テイラーが他殺体で発見される。容疑をかけられたのはテイラーの恋人で、数々の喜劇映画でアーバックルやチャップリンの相手

44　Gwendolyn Audrey Foster, *Women Film Directors: An International Bio-Critical Dictionary* (Greenwood Publishing Group, 1995), 365.

役を務めたメイベル・ノーマンドであった。[45] 捜査の過程でノーマンドが薬物依存症であったことが明らかになるなど、大きなスキャンダルとして報道されたのである。

結局、いずれの事件も証拠不十分によりアーバックルもノーマンドも有罪にはならなかったが、世間のハリウッドに対する風当たりは厳しくなり、特にアーバックルは出演作品が上映禁止になるなど、スキャンダルによって彼のキャリアは破滅の一途を辿ったのである。

また、これらの事件以外でも、ハリウッド・スターたちの度重なる離婚と再婚、薬物依存、自殺未遂などの事件がメディアを賑わすようになり、ハリウッドは「罪の街」「西のバビロン」「悪魔の保育器」などと形容されるようになるのである。[46] テイラーの殺人事件があった同じ年には、ハリウッド映画界の暴露本『ハリウッドの罪』（*The Sins of Hollywood: An Exposé of Movie Vice!*）が匿名の著者によって出版される。[47] この本は、赤い悪魔がカメラを操作している姿が表紙になっており、ハリウッドの映画業界人がいかにアルコールや麻薬に溺れ、性的に不品行な行いをしているのかとい

45　1950年の映画『サンセット大通り』（Sunset Boulevard）でグロリア・スワンソンが演じたかつてのスター「ノーマ・デズモンド」という名前は、殺されたウィリアム・デズモンド・テイラーと、容疑をかけられたメイベル・ノーマンドから取られたものである。

46　Jolyon Mitchell, "Theology and Film," in *The Modern Theologians: An Introduction To Christian Theology Since 1918*, ed. David Ford and Rachel Muers (Blackwell, 2005), 740; Cass Warner Sperling et al., *Hollywood Be Thy Name: The Warner Brothers Story* (University Press of Kentucky, 1998), 75.

47　William J. Mann, *Behind the Screen: How Gays and Lesbians Shaped Hollywood, 1910-1969* (University of Michigan, 2001), 87. 後に、映画雑誌 *Photoplay* の編集者エド・ロバーツが著者であったことが明らかになる。

うことが書かれている。著者が「ソドムの街以上にひどい」[48]と形容するように、ここで紹介されている映画業界人たちのあまりの放蕩ぶりに、この本自体が内部告発というより一見ゴシップ本のようにも見える。しかし、歴史学者のロバート・スクラーは、この本の中で名前が挙げられずに詳しく語られているいくつかの出来事が別のハリウッドの回顧録では実名と共に伝えられていることから、『ハリウッドの罪』に書かれた内容の多くは本当に起きた出来事である可能性が高いと分析する[49]。

　この本の序文で著者は、「映画業界の敵」として自らが非難されることを覚悟の上で執筆に至った経緯について、以下のように書かれている。

　　『ハリウッドの罪』に書かれていることは真実であって、フィクションではない。……（中略）……この本に書かれている出来事に関係する人々の多くは、現在、映画業界の中でも高い地位についている者たちである。何百万もの人々――特に女性や子どもたち――から賞賛を受け、大儲けしている者たちのことである。このような偽のヒーロー、ヒロインたちは、興行収入のために、あらゆる美徳のお手本として少年少女たちの目に映るように作り上げられているのである。……（中略）……（スターたちの実生活は）子どもたちが憧れるような姿とは残酷なほど違うものなのだ。映画業界人たちがそのような生き方を続けるならば、子どもたちの夢を壊すような全国的スキャンダルは再び起きるだろう。そのことを危惧して、世間にハリウッドの罪を公にしなければならないと思うに至ったのである。……（中略）……世間を不愉快な気分にさせ、映画界の腐敗を正すための検閲という危険な思想を国民の間に招いたのは、プロデューサーたちの過失に他な

48　Ed Roberts, *The Sins of Hollywood: An Exposé of Movie Vice!* (The Hollywood Publishing Company, 1922), 73.

49　Sklar, *Movie-Made America: A Cultural History of American Movies*, 81.

らない。この検閲という考えによって、言論の自由、そして報道の自由という民主主義の尊い二大原則が致命的に損なわれようとしているのだ。[50]

匿名でこの本を出版した著者が危惧するように、映画がまだトーキーになってもいない時代から、キリスト教団体や女性団体、女性キリスト者禁酒同盟（Woman's Christian Temperance Union, WCTU）などを中心に映画界に対する検閲の必要性が叫ばれ始めていたのである。[51]

3-2　ユダヤ系映画製作者の台頭

そもそもユダヤ系移民たちの手によって発展していった映画業界は、その成立過程からキリスト教界からの風当たりは強かった。1910年以前には、トーマス・エジソンやグリフィス、エドウィン・S・ポーターなどのアングロサクソン系プロテスタント信徒たちによって映画産業は担われていた[52]。しかし、やがて映画産業の担い手は、彼らからユダヤ系劇場主へと移り、巨大産業へと発展していくことになる。今日でもよく知られている映画会社のパラマウント、ワーナー・ブラザーズ、RKO、20世紀フォックス、MGMなど、当時「ビッグ・ファイブ」と呼ばれた5大映画会社はすべてユダヤ系移民たちによって創業された会社である。

今日でこそ「アメリカ映画」と言えば「ハリウッド映画」と見なされているが、まだ映画産業がハリウッドへ移る以前は、ニューヨークやシカゴが映画界の中心地であった。自ら発明した撮影機材やプロジェクターの特

50　Roberts, *The Sins of Hollywood: An Exposé of Movie Vice!*, 5-9.

51　Alison M. Parker, "Mothering the Movies: Women Reformers and Popular Culture," in *Censorship and American Culture*, ed. Francis G. Couvares (University of Massachusetts Press, 2006), 86.

52　Sklar, *Movie-Made America: A Cultural History of American Movies*, 33.

許を取得していたエジソンは、やがて他の主要な映画プロダクション会社９社と協力してトラストを形成し、映画界の支配と独占を目論むようになる。そのトラストに対抗するかたちで台頭してきたのが、ユダヤ系移民の劇場主たちであった。それまで映画を観ることは富裕層の娯楽であったが、ユダヤ系移民の劇場主たちによって５セント（ニッケル）で映画が観られるニケロデオン（Nickelodeon）が建設されると、映画は一気に大衆の娯楽へと変化していったのである。

　このように映画という新しい娯楽形態によって富を成したユダヤ系移民の劇場主たちであったが、彼らは世間からいくらかの蔑みを込めてmovie mogulと呼ばれるようになる。Mogulとは映画界の「大立者」という意味ではあるものの、もともとmogulという単語自体は、インドを征服したムガール人を指していることから、ユダヤ系劇場主たちをこの名称で呼ぶことには、「強力な権力者」であると同時に「野蛮な侵略者」という両方の意味合いが込められていたのである[53]。

　映画産業での成功と前後して、やがてユダヤ系映画製作者たちは「真のアメリカ人」となるために、ユダヤ系であることを隠すようになる。例えば、MGMの前身ゴールドウィン・ピクチャーズの創業者であるサミュエル・ゴールドフィッシュ（Samuel Goldfish）はサミュエル・ゴールドウィン（Samuel Goldwyn）に名前を変え、ワーナー・ブラザーズの創業者のひとりであるジェイコブ・ワーナー（Jacob Warner）は、駆け出しの寄席芸人だった頃にジャック・ワーナー（Jack Warner）と改名している。また、ジャック・ワーナーをはじめ、MGM創業者のルイス・B・メイヤー、コロンビア映画の社長ハリー・コーン、そしてハリウッドを代表する敏腕プロデューサーで『キングコング』（King Kong, 1933年）や『風と共に去りぬ』（Gone With the Wind, 1939年）などを製作したデヴィッド・O・セルズニッ

53　Ibid., 46.

第1章 映画の誕生とキリスト教

クなどは、ユダヤ系の妻と別れ、それぞれ非ユダヤ系である女性と再婚している[54]。とりわけハリー・コーンは、一切の労働が禁じられているユダヤ教の最大の祭日であるヨム・キプール（Yom Kippur、大贖罪日）の日もわざわざ休みを取らずに好んで働いていたと伝えられている[55]。ハリウッドを築き上げたユダヤ系映画製作者たちにとってユダヤ人としてのルーツは「旧世界」のアイデンティティーであり、「新世界」のアメリカで成功するためには隠匿したい過去であった。

　この娯楽産業におけるユダヤ系移民の葛藤を最もよく表しているのが、初のトーキー映画『ジャズ・シンガー』である。5世代にわたってシナゴーグでのカンター（祈禱文の独唱部分を歌う役、先唱者）を務めてきた家のひとり息子として生まれながら、エンターテイナーになることを夢見る主人公のジェイキー・ラビノウィッツと、跡を継いでカンターになることを息子に期待する父親との葛藤の物語である。ジェイキーはある日、酒場で歌っているところを父親に見つかってしまい、罰のために鞭打たれた後、家出を決行する。そして、ジェイキー・ラビノウィッツからジャック・ロビンに名前を変えてジャズ歌手になるのである。ジェイキーは歌手として成功し、各地を興行して回っていたが、やがてニューヨークのブロードウェイで歌うという一世一代の機会が与えられる。しかし、ブロードウェイ・デビューの当日、ヨム・キプールに先立つ礼拝のために歌うはずであった父が危篤状態にあることを知らされ、ジェイキーは舞台に立つかシナゴーグで父の代わりに歌うかの選択を迫られることになる。結局、ジェイキーは劇場を

54　Patricia Erens, *The Jew in American Cinema* (Indiana University Press, 1988), 138; Jonathan C. Friedman, *Rainbow Jews: Jewish and Gay Identity in the Performing Arts* (Lexington Books, 2007), 40.

55　Stephen J. Whitfield, "Movies in America as Paradigms of Accommodation," in *Americanization of the Jews*, ed. Robert M. Seltzer and Norman J. Cohen (New York University Press, 1995), 81.

後にし、死の淵にある父のもとを訪れる。10年近く疎遠になっていた息子を見た父は、息子に愛を告げて親子は和解するのである。ジェイキーはシナゴーグで父の代わりを務め、礼拝の始まりを告げるコル・ニドライを歌う息子の声を聴きながら父は平安のうちに他界する。一見、ここで映画が終わるかのように見えたところでシーンは変わり、再びブロードウェイの舞台でジャック・ロビンとして大勢の観客の前で歌うジェイキーが映し出される。ジェイキーの歌手としての成功を見届けた後で映画は幕を閉じるのである。

『ジャズ・シンガー』は、「旧世界」に属する父との和解と、「新世界」での成功という両方を手に入れて初めてハッピーエンドとして成り立っているのである。この映画を製作したワーナー４兄弟は、自分たちも含めた移民の２世たちが両親に対して持つアンビバレントな感情をジェイキーに体現させ、現実の世界では２世たちが二者択一の間で葛藤するユダヤ人としての伝統の継承と、アメリカ人としての社会的成功の両方をジェイキーに与えている[56]。このように当時「夢の工場」と呼ばれた映画産業は、人が現実の世界では得られない「夢」を作っていたのである。

3-3　自主検閲機関の設立

　ニューヨークやシカゴで発展した映画製作の舞台は、やがてカリフォルニア州のハリウッドにその中心を移すことになる。その主な理由は、カメラや映写機、フィルムなど、映画製作に欠かせない様々な機材や技術の特許を取得して市場を独占していたエジソンの特許会社から、映画製作者たちがそれら機材や技術の使用に関して訴訟を起こされないようにするためであった。加えて、ハリウッドには広大な土地もあり、年間降水量も少な

56　Scott Eyman, *The Speed of Sound: Hollywood and the Talkie Revolution, 1926–1930* (Simon and Schuster, 1997), 142.

く、映画製作には最適の場所であった。ニューヨークからやって来たユダヤ系映画製作者たちは、ハリウッドにそれぞれの巨大なスタジオを建設し、製作から配給までを統合したスタジオ・システムを確立させていくのである。

1926年までに映画産業はアメリカで第5位の巨大市場に成長し、全世界における映画の90パーセントを製作していたとも言われる。[57] ハリウッドの地で巨大なエンターテインメント産業と化した映画は、次第にアメリカ社会に多大な影響を与えるようになり、映画俳優も「スター」という憧れの存在へと押し上げられたのである。

しかし、映画業界人たちがハリウッドで自由を謳歌している中で起きたのが、前述のアーバックルの逮捕とテイラーの殺人事件であった。相次ぐハリウッド・スターをめぐるスキャンダルを受けて、次第に世論は地方自治体や政府による規制を望むようになる。[58] 政府からの検閲を受けることに危機感を覚えた映画業界は、映画が切り刻まれるのを防ぐため、自主検閲機関であるアメリカ映画製作配給業者協会（Motion Picture Producers and Distributors of America, MPPDA）を1922年に設立し、その会長として、共和党員で郵政長官であったウィル・H・ヘイズを招聘する。映画産業と何ら関わりのないヘイズが選ばれた理由は、もともと彼が弁護士であったことや、郵政長官として政治力を持っていたこともあるが、何よりも彼が長老派教会に属し、禁酒禁煙を守る高潔な人物であったことによるところが大きい。ハリウッドのユダヤ系大物プロデューサーたちは、アメリカの倫理性を支えているのが堅固なプロテスタンティズムであることをよく知っ

57　Kevin Starr, *Inventing the Dream: California through the Progressive Era*, vol. 2 (Oxford University Press, 1985), 313.

58　Thomas Doherty, *Hollywood's Censor: Joseph I. Breen and the Production Code Administration* (Columbia University Press, 2007), 33.

ており、ヘイズを雇うことで政治的圧力やキリスト教系団体からの批判を緩和させられると考えたのである[59]。

　ヘイズがMPPDA会長に就任してから最初に行った仕事は、アーバックルを業界から閉め出すことであった。ヘイズはパラマウント社の創業者アドルフ・ズーカーやジェシー・ラスキー、ユナイテッド・アーティスツ社長のジョセフ・シェンクなどと協議した上で、パラマウントとユナイテッド・アーティスツ系列の映画館でアーバックル出演の映画を上映しないことや、以後アーバックルを映画スタジオで雇わない方針を決めている[60]。時を同じくして、1923年にハーディング大統領が急逝した後、ハーディング政権の内務長官が連邦法に違反して国有油田を民間人に貸与し利益を得ていたという「ティーポット・ドーム事件」が発覚する。これは、関係閣僚が逮捕された他にも、大勢の政府関係者が尋問を受け、自殺者も出るなどの大事件に発展した。このような大事件が起きたことによって世間のハリウッドに対する関心が薄れたことや、ウィル・ヘイズの尽力によって、前年に起きたアーバックルの事件を発端とした一連のハリウッドに対する世間からの批判はおおむね沈静化していったのであった。

結

　黎明期には伝道のツールとしてキリスト教界に大きな期待をもって受け入れられた映画であったが、人々の興奮が冷めて蜜月期が終わると、映画は人々に忌み嫌われる存在となった。ただ、この時代にキリスト教界が映画を忌避するようになった本質的な理由は、映画というメディアが発信していた内容そのものではなく、むしろその背景にあったと言える。それは、

59　Ibid., 35.

60　Fred Rosen, *The Historical Atlas of American Crime* (Infobase Publishing, 2005), 206.

映画関係者の間に起きたスキャンダルに端を発する映画というメディアへの信頼性の低下であり、またユダヤ系プロデューサーたちの台頭によってアメリカのキリスト教界にもたらされた「ユダヤフォビア」とでも言うべき反応であった。

　映画関係者のスキャンダルや、彼らの多くが属する民族的出自によって、彼らの作る映画自体の信用を低下させたことは、ある意味で不幸なことであった。映画というメディアそのものが教会にとって益となるのであれば、それで良いと考えることもあるいは可能であったはずである。しかし、キリスト教界はこの時、これら映画が伝達可能なメッセージやコンテンツ自体に本能的な拒否感を持ったのである。すなわち、マーシャル・マクルーハンが『メディア論』で、「メディアはどのようなコンテンツをも運びうるニュートラルな入れ物ではない」、「メディアはそれ自体がメッセージだ」という言葉がここで響いてくる。[61] 映画というメディアの性質だけではなく、実はそれに付随するスキャンダルや、宗教、民族、イデオロギーなどが絡む文化的衝突の火種という「背景」がすでにメッセージを発しており、映画というメディアが運ぶコンテンツを決定的に規定してしまっていることを、まだ無自覚的ではあったがキリスト教界は感じ取っていたのである。

61　Marshall McLuhan, *Understanding Media: The Extensions of Man*, 2nd ed. (Routledge, 2001).

第2章　プロダクション・コードの施行と検閲の開始
(1930–40年代)

序

　1930年、MPPDA（アメリカ映画製作配給業者協会）の会長にプロテスタント信徒のウィル・ヘイズが就任し、ハリウッドの映画製作者は世間の批判を回避することに成功した。しかも、ハリウッドが期待したようにヘイズは立ち回り、それまで声高に叫ばれていた州や連邦政府による検閲を求める声は沈静化したのである。それに安心した映画製作者たちは、当時すでに大恐慌時代を迎えて観客動員数が減少していた映画館の集客力を高めるために、より刺激的で話題を呼ぶような映画を数多く製作するようになる。そしてハリウッドはこの時、第一次黄金時代を迎えることになる。しかしながら、この時代に作られた映画の内容はキリスト教界からの反発を招き、その結果、映画史上最も大きな事件となった映画の検閲システムが構築されるのである。

　本章では、1930–40年代のハリウッド映画界とキリスト教界との関係に注目し、この検閲のシステムが構築される前後に両者の間でどのようなやりとりがあり、どのように映画表象が変化していったのかを明らかにしたい。

第1節　カトリック教会による反発の高まりと検閲の開始

1-1　プレ・コード期の映画における自由な女性表象

　大恐慌が始まって最初の5年間、ハリウッドの映画製作者たちは、伝統

的な価値観に挑戦するという、商業的な大衆娯楽の歴史の中で最も注目すべき試みを行った。つまり、性的節度、社交上の品位、法と秩序のありように、映画でもって異議を唱えたのである。

この時期にハリウッドは第一次黄金時代を迎えている。ロバート・スクラーはこの時期のハリウッドについて以下のように述べている。

> 1930年代におけるハリウッド映画製作の黄金時代は、ひと繋がりのものではなく、ふたつの時期に分けられる。1930年から34年までの前期に見られるのは、実際にはハリウッドにとっても意表をつかれた驚きの出来事であった。トーキー初期のこの頃の映画が唐突に社会的なリアリズムに転じ、ギャングとセックス、政治的なメロドラマにさえ取りかかったのは、明らかに御都合主義のなせるわざである。つまり、経済状態の悪化や顧客の減少によって、いかに衝撃的あるいは刺激的な内容の映画によって観客を劇場へ引きつけるかの模索が始まったのである[62]。

このようにハリウッドの第一次黄金期（1929-34年）[63]は、映画史上、非常に重要で興味深い時代である。しかし同時に、後の時代の価値観によって葬られたことから、最も相応しい評価を得られていない時代であるとも言える。この時代のアメリカ映画は「プレ・コード映画」（pre-code film）と呼ばれ、1930年にMPPDAによって制定された映画の検閲規則であるプロダクション・コードが実際に施行されるまでの数年間、それまでタブーとされてきた様々な表現をハリウッドが試した時代の映画を意味している。

62　Sklar, *Movie-Made America: A Cultural History of American Movies*, 175-176.

63　第一次黄金期の開始時期は、プロダクション・コードが採用された1930年からという見方と、映画がトーキーになった1929年からという見方がある。

第2章 プロダクション・コードの施行と検閲の開始

　大恐慌時代、貧困に喘ぐ人々にとって、映画館は現実逃避できる数少ない場所であった。人々は食費を節約してでも映画を観に行ったのである[64]。この頃の映画は、そのような期待に応えるべく、あらゆる刺激的なものを観客に見せていたことから、ハリウッドは「夢の工場」と呼ばれた。またこの頃の映画は、60年代の映画が自由奔放に描いたテーマのほとんどをすでに先取りしていた。このように、プレ・コード期の映画は反権威主義的かつ快楽を追い求める傾向にあり、ハリウッドは「七つの大罪」を人々の娯楽として見せることを躊躇わなかったのである[65]。

　この頃に作られた映画の特徴としては、残酷な暴力描写や過激な性的描写などが挙げられる。『犯罪王リコ』(Little Caesar, 1930年) や『民衆の敵』(The Public Enemy, 1931年)、『暗黒街の顔役』(Scarface, 1932年) などのギャング映画や、『フランケンシュタイン』(Frankenstein, 1931年) や『フリークス』(Freaks, 1932年) などのホラー映画が代表的である。その中でも特に人気を集めたのが、sex filmと呼ばれた、セックスに関する話題をふんだんに盛り込んだ恋愛映画であった。プレ・コード期において、映画の中の女性たちは、略奪愛をし、婚外子をもうけ、浮気をする夫を追い払い、性を楽しみ、仕事に就いて自立していた。概して彼女たちは、1968年以降に可能になったと思われている女性の因習打破的な振る舞いをすでに行っていたのである[66]。

　例えば『私は別よ』(She Done Him Wrong, 1933年) で、メイ・ウェストが演じる主人公のレディー・ルウは、ニューヨークの酒場で歌うスターで、

64　Thomas Doherty, *Pre-Code Hollywood: Sex, Immorality, and Insurrection in American Cinema: 1930–1934* (Columbia University Press, 1999), 46.

65　Ibid., 103.

66　Mick LaSalle, *Complicated Women: Sex And Power in Pre-Code Hollywood* (St. Martin's Press, 2000), 1.

何人もの男性からダイヤモンドを贈られ、崇められている。自由奔放な彼女は、家出人を捜しに酒場を訪れた救世軍のカミングス大尉（ケーリー・グラント）をも誘惑しようとする。ある日、ルウは恋愛沙汰で知人女性を殺してしまうが、その死体も「ルウのためなら何でもする」という酒場の使用人に処分させる。やがて酒場の経営者が裏で売春を斡旋していたことが判明し、連邦捜査局から一斉検挙される。ルウも、実は救世軍大尉のふりをした覆面捜査官であったカミングスによって拘束されるが、カミングスは罪を犯したルウの手を取り、「君は僕だけの囚人になるんだ。そして僕は長年にわたって君の看守になるだろう」と言って指輪をはめるのである。そこで映画はハッピーエンドを迎える。

　ルウは殺人について責められもせず、数々の男性を騙して金品を得ていたことも罪に問われないのである。しかもメイ・ウェストは、ケーリー・グラントを含めた数々の男性の助けを必要とするような華奢な女性ではない（図6）。このようにユニークな設定やプロットにもかかわらず、当時この映画は大ヒットし、経営が傾いていたパラマウントを救ったのである。

　他には、バーバラ・スタンウィックの『紅唇罪あり』（Baby Face, 1933年）やノーマ・シアラーの『結婚双紙』（The Divorcee, 1930年）が特にこの時代の映画としては有名である。前者は、禁酒法時代に父親が経営する違法営業の酒場で売春をしながら働く主人公が、やがて父親の死をきっかけに女性としての魅力（性的アピール）だけを武器に、ニューヨークで仕事と結婚相手を手に入れるというストーリーである。後者は、主

（図6）メイ・ウェスト

人公の女性が、浮気をした夫に対する当てつけに自らも夫の親友と性的関係を持ち、離婚後はパーティー・ガールに変身するというストーリーである。『紅唇罪あり』に出演したシアラーは、この映画での演技によってその年のアカデミー主演女優賞も得ている。この頃の映画は、他にも以下のようなものが製作されているが、タイトルだけ見てもいかに挑発的なものが次々と作られていたのかが分かる。

The Godless Girl（1929年）「神を信じない女」
Free Love（1930年）「自由恋愛」
Children of Pleasure（1930年）「悦楽の子どもたち」
Madame Satan（1930年）「サタン夫人」
Laughing Sinners（1931年）「笑う罪人たち」
Dishonored（1931年）「不名誉」
Safe in Hell（1931年）「地獄での安息」
Merrily We Go to Hell（1932年）「陽気に地獄行き」
The Devil is Driving（1932年）「悪魔の運転」
Laughter in Hell（1933年）「地獄での笑い声」
Ex-Lady（1933年）「元淑女」
The Road to Ruin（1934年）「破滅への道」

1-2 カトリック教会からの反発

キリスト教界は、これらハリウッドの第一次黄金期に作られた数々の挑発的な映画を座して見過ごしにはしなかった。中でもいち早く対策を講じたのはカトリック教会であった。

そもそもの発端は、映画がトーキーになった初期の1929年に公開されたノーマ・シアラー主演のThe Trial of Mary Dugan（メアリー・ドゥーガンの裁判、日本未公開）という映画である。これは、ブロードウェイのショー・

ガールが大富豪の恋人を殺した容疑で裁判にかけられる、という法廷ドラマであるが、映画の中で使われた際どい台詞が問題となり、プロテスタント教会からの圧力によってシカゴの検閲委員会は上映を禁止する。しかし、市民からの上映を望む声に押され、検閲委員会は上映を許可するのである。

この決定に激しく憤ったのが、シカゴに集まっていたカトリックの司祭や熱心な信徒たちであった。中でもイエズス会の司祭フィッツジョージ・ディニーンは、「この街の人々に思い知らせてやる！ 市会議員たちを一掃しなければならなくなる前に、私はこれらの卑猥な映画が私の教区に辿り着く前に全力で阻止するつもりだ」と怒りに燃えて述べたと言われている[67]。

その場には、カトリック信徒で映画業界紙 *Motion Picture Herald* の創始者マーティン・J・クィグリーも同席しており、憤るディニーン司祭に「もしカトリックが抗議活動を行えば、世間に論争を巻き起こし、その話題性のために映画の興行成績が上がって映画業界の思うつぼである」ということを説明する[68]。そこで彼が提案したのは、より持続的な問題解決を図るため、カトリック教会の価値観で倫理基準を設けて映画業界を指導するというプランであった。当時はピーボディ石炭社（Peabody Coal Company）の渉外を担当し、後にMPPDAの会長ウィル・ヘイズの右腕としてすべての映画を点検する役割を担うことになるジョセフ・I・ブリーンもその場に同席しており、クィグリーの話を熱心に聞いていたのである。

クィグリーはさっそくこの計画を実行に移し、セシル・B・デミルの『キング・オブ・キングス』が撮影された際に撮影現場で宗教アドバイザー

---

67 Doherty, *Hollywood's Censor: Joseph I. Breen and the Production Code Administration*, 39–40.

68 つまり、カトリックがそこまで怒るくらい刺激的な内容なのかと世間は期待し、興味本位で劇場へ足を運ぶ観客が増加するというロジックである。

第2章 プロダクション・コードの施行と検閲の開始

を務めたイエズス会の司祭ダニエル・A・ロードと共に、映画界の十戒という位置づけの映画製作倫理規定（通称プロダクション・コード）を執筆する。それは1929年11月の段階ですでに完成しており、ロード司祭とクィグリーはシカゴの大司教ジョージ・ウィリアム・マンダライン枢機卿にそれを提出して意見を仰いでいる。その際、マンダライン枢機卿は彼らに、プロダクション・コードを持って映画の首都ロサンゼルスへ行くように指示したとされている[69]。

一方のハリウッドでは、1927年にMPPDAのウィル・ヘイズ会長と、ハリウッドの天才プロデューサーと呼ばれたアーヴィング・サールバーグによって11項目の「禁止事項」（Don'ts）と25項目の「気をつけるべき事項」（Be Carefuls）が規定され、これらが映画製作における指針とされていた[70]。しかし、これらはほとんど外圧へのパフォーマンスでしかなく、映画会社に対して何の強制力もなかった。この頃、映画界の自主検閲機関として設立されたMPPDAは実際に機能しているとは言いがたい状況であった。

1-3 プロダクション・コード採用とプレ・コード期の終焉

1930年2月に、プロダクション・コードの草稿を持ってダニエル・ロード司祭とマーティン・クィグリーはハリウッドを訪れ、MPPDAのウィル・ヘイズやワーナー・ブラザーズのジャック・ワーナー、フォックスやパラマウントなどの重役らと協議を行った。しかしアーヴィング・サールバーグは、「映画は単純に、すでに世の中に出回っている価値観を反映し

---

69 William Bruce Johnson, *Miracles & Sacrilege: Roberto Rossellini, the Church and Film Censorship in Hollywood* (University of Toronto Press, 2008), 104.

70 Lee Grieveson and Peter Krämer, *The Silent Cinema Reader* (Routledge, 2004), 321.

ているだけで、プロダクション・コードが示唆するように視聴者の倫理観に影響を与えているわけではない。もし世間の人々の価値観に一致していない映画を公開することになれば、興行成績に響くだろう」と、プロダクション・コードの採用に難色を示している[71]。これに対してロード司祭は、「（映画産業に携わる）あなたがたこそ人々の行動の基準を定めている。あなたがたが人々に行動様式を教え、洋服の流行を作り出しているのだ」と反論し、映画が世間に与える影響への懸念とプロダクション・コードを採用することの重要性を説明している[72]。

　この頃から同様に、映画業界の行き過ぎに対して異議を申し立てる声がアメリカの各方面から上がり始めていた。映画が子どもに与える影響についての研究が発表され、中西部のカトリック教会は組織立ってハリウッドへの抵抗を表明したのである。*Christian Century*をはじめとするプロテスタント系のメディアもハリウッドを批判した上に、新聞王のウィリアム・ランドルフ・ハースト[73]なども、ハリウッド映画に対する政府機関の検閲を求めるようにと、自身が発行する刊行物で世論に呼びかけていた。こうした逆風が吹く中で、ハリウッド側としては事態の悪化を防ぐにはプロダクション・コードを受け入れるしかなかったのである[74]。結果として、ハリウッドの各映画会社の幹部たちは全会一致でプロダクション・コードを遵守することを決定している。

71　Johnson, *Miracles & Sacrilege: Roberto Rossellini, the Church and Film Censorship in Hollywood*, 104–105.

72　LaSalle, *Complicated Women: Sex And Power in Pre-Code Hollywood*, 64.

73　オーソン・ウェルズの映画『市民ケーン』のモデル。この映画が公開されることをハーストはあらゆる手を尽くして阻止しようとした。

74　Ibid., 65; Steven Starker, *Evil Influences: Crusades Against the Mass Media* (Transaction Publishers, 2012), 102.

第2章 プロダクション・コードの施行と検閲の開始

　ところが、大恐慌時代に突入して映画の興行成績が低下すると、ハリウッドはプロダクション・コードをいったん棚上げし、暴力と性的描写を豊富に盛り込んだ映画を次々と製作していくのである。刺激的な映画のタイトルに加え、露出度の高いドレスや下着姿で横たわる女性たちの姿が連日、巨大なビルボードを飾るようになる。

　そのような巨大広告が立てられた反対側に居を構えていたフィラデルフィアの大司教デニス・ジョセフ・ドハティー枢機卿はついに耐えかね、1933年のある日曜日、すべてのカトリック信徒に向けて、ハリウッドで作られた全映画に対するボイコットを呼びかけるのである。[75] 教皇ピウス11世の後ろ盾も得たアメリカのカトリック教会は、カトリック矯風団（The Legion of Decency）を組織し、教会に司教教書を送って信徒に入会を促す。このカトリック矯風団の運動には、カトリック信徒のみならずプロテスタントやユダヤ教徒を含む1100万人が賛同し、抗議文に署名したのである。[76] このボイコット運動は後に「1934年の嵐」などと呼ばれることになるが、ハリウッドがこれまで経験したことがないほど大規模なものであった。映画業界もこの圧力には屈し、プロダクション・コードを各映画会社が厳密に遵守するために、MPPDAの下部組織として映画製作倫理規定管理局（Production Code Administration, PCA）を設立することになる。その局長には、フィラデルフィア出身の信仰熱心なカトリック信徒で、マンドライン枢機卿の広報を務めたことがあるジョセフ・ブリーンが指名された。禁欲的な

75　*The Literary Digest* (June 23, 1934), 19; Doherty, *Hollywood's Censor: Joseph I. Breen and the Production Code Administration*, 66; Cal Thomas, *Uncommon Sense: A Layman's Briefing Book on the Issues*, 1st ed. (Wolgemuth & Hyatt, 1990), 87.

76　Gregory D. Black, *Hollywood Censored: Morality Codes, Catholics, and the Movies* (Cambridge University Press, 1996), 2; Sklar, *Movie-Made America: A Cultural History of American Movies*, 173.

ブリーンのPCA局長就任により、あらゆる伝統的価値観に挑戦して自由を謳歌していたプレ・コード期は正式に終焉を迎えることになったのである。

第2節　十戒としてのプロダクション・コード

2-1　前文と一般原則

　1934年のPCA設立以来、映画界の十戒として強力な影響力を持ったプロダクション・コードは、1968年に廃止されるまで、ハリウッドで作られる映画すべてをコントロールしてきた。そして、その根底にあるキリスト教的価値観は、結果としてアメリカ映画を観る全世界の人々に影響を与えてきたのである。プロダクション・コード採用の際にアーヴィング・サールバーグは、映画が人に与える影響を否定していたが、以下のプロダクション・コードの前文には、映画製作者が観客に影響力を持っていることを大前提として認めている。[77]

> 　映画製作者は、世界中の人々が映画に対して寄せる高い信頼と信用を認識し、これこそが映画を普遍的な娯楽形態に作り上げたことを認めている。この映画に対する人々の信頼と、娯楽と芸術とが国民生活に対して与える多大な影響を念頭に置き、映画製作者は映画が世間に対して有する責任を痛感している。映画は本質的には娯楽であり、明らかな教育目的や政治的利用の目的は持たないが、娯楽の範囲内で映画が人々の霊的あるいは道徳的向上、より高次な社会生活のあり方、そしてより正しいものの考え方と

---

[77] プロダクション・コードについては、映画業界紙 *Variety*（1930年2月19日）に掲載されたものと、Thomas Dohertyの *Hollywood's Censor: Joseph I. Breen and the Production Code Administration* に掲載されたものを参考にした。

第2章　プロダクション・コードの施行と検閲の開始

いうものに対し、直接的に作用を及ぼす可能性があることを映画製作者は危惧している。サイレントからトーキーへと変化する時代の急速な流れに従って、映画製作者はトーキー映画製作を管理するための規約制定の必要性を認め、加えて規約制定は、映画の持つ社会的責任を公に認める機会であると考える。映画製作者側の立場としては、映画製作の意図とその難題に対して同情ある理解と、映画を万人のための健全な娯楽としてより高い水準に到達させるために要する自由な権利と機会とを許容する協調の精神を、一般聴衆ならびにその指導者たちに求めているのである。（傍点筆者）

　ここで「人々の霊的あるいは道徳的向上、より高次な社会生活のあり方、そしてより正しいものの考え方」と曖昧な表現で書かれていることは、当然、キリスト教的価値観を意味しており、この文言では、映画がそれを損なう可能性があることを示唆しているのである。
　プロダクション・コードには具体的に12項目の禁止事項が定められており、原案者のマーティン・J・クィグリーとダニエル・A・ロード司祭は、旧約聖書（出エジプト記20：1-17、申命記5：6-21）に書かれた十戒をもとにしてプロダクション・コードを執筆したことを認めている[78]。12項目の禁止事項における最大の特徴は、十戒と同様、①神への冒瀆、②性的不品行、③殺人や窃盗行為（その他違法行為）という3点を禁じることにほとんど集約されるという点である。このことは以下のプロダクション・コードの基本原則にまず顕著に表れている。

1　観客の倫理基準を低下させるいかなる映画も製作されてはいけない。したがって、観客を犯罪や不正行為、悪や罪に同調させるような映画の作り

78　Peter Lev, *Transforming the Screen, 1950-1959* (University of California Press, 2006), 88.

方をしてはならない。
 2　（私生活を描くことが）映画の物語の筋や娯楽として必要であるという前提において、正しい生活水準のみが描かれるべきである。
 3　実定法、自然法、どちらも愚弄してはならない。また、これらに対する違反行為に観客が同調するように映画を作ってはならない。

　ロード司祭は、プロダクション・コードが十戒をモデルにしていると認めることで、これがカトリックだけではなく、ユダヤ・キリスト教の倫理基準に沿って規定されていることを強調し、さらには十戒こそが「文明世界の倫理基準」であると断言している[79]。それでもやはりプロダクション・コードは、カトリックの信徒であるクィグリーとロード司祭によって書かれ、カトリック矯風団の圧力によって遵守されることになったものであることからして、コードの中で規定される悪の概念や、肉体的誘惑に陥ることの危険性、そしてその結果として強調される罪も、カトリック的価値観で定められたことは明らかである[80]。上記の基本原則中に見られる「倫理基準」「悪」「罪」、そして、それらを前提にした「自然法」（natural law）[81]という概念も、カトリックの執筆者たちやアイルランド系カトリックでPCA局長のジョセフ・ブリーンの間では共通に理解されていることであった。

2-2　12箇条の禁止事項

　プロダクション・コードでは、前文と3点の基本原則に続いて、映画界

79　Doherty, *Hollywood's Censor: Joseph I. Breen and the Production Code Administration*, 174.
80　Lev, *Transforming the Screen, 1950-1959*, 88.
81　人間行動を基礎づける普遍的倫理原則のこと。

第2章　プロダクション・コードの施行と検閲の開始

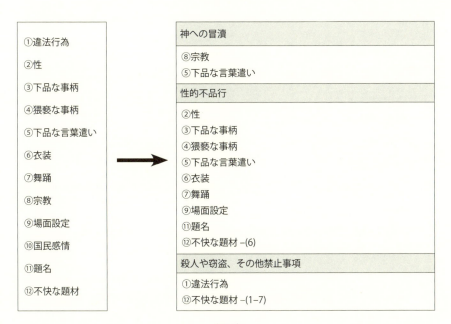

（図7）

の十戒である禁止事項12項目が明示される。そして、それは3分野に大別することができる（図7）。

　図7からも明らかなように、プロダクション・コードは性的な事柄に関する項目の設定が非常に多い。プレ・コード期において特に女性の不品行が目立ったこともあるが、それ以外にも、女性が自由に振る舞うことが、神の前に誓った結婚の神聖さを損なうと見なされたのである。プロダクション・コードに付記されている「映画製作倫理規定の根拠」の「②性について」の項目には、「結婚の神聖さ」（the sanctity of marriage）に対し、「不純な恋愛」（impure love）は「神の掟に則って社会が常に不適切であると見なしてきたもの」であると書かれている。プロダクション・コードが性的なことについて禁止しているのは、次のような事柄である。

II 性

　結婚制度と家庭の神聖さは守られなければならない。映画は、低級な性的関係が世間に認められたものであるとか、一般的なことであるかのように示してはならない。

①不倫や不義は、物語の題材として必要な時もあるが、これらをはっきりと扱ったり、正当化したり、あるいは魅力的に描いてはならない。

②情熱的な場面

　(a) 情熱的な場面は、どうしても筋立てに必要不可欠である場合以外は登場させるべきではない。

　(b) 過度で情欲的なキス、情欲的な抱擁、挑発的な姿勢や仕草を示してはならない。

　(c) 概して、情熱的な場面は、観客の低級で卑しい情動を刺激しないような方法で扱われるべきである。

③誘惑あるいはレイプ

　(a) これらに関しては、暗示される以上の表現は許されず、かつ筋立てに必要不可欠な場合に限られる。これらについての明確な方法は決して示されてはならない。

　(b) これらは喜劇にとっての適切な題材には決してなり得ない。

④性倒錯やそれと推定されるものすべてが禁止されている。

⑤強制売春は決して扱ってはならない。

⑥異人種間混交（白人と有色人種間の性的関係）は禁止されている。

⑦性衛生や性病などは劇場映画にとって相応しい題材ではない。

⑧出産の場面は、実際の人物はもちろんのこと、シルエットでも決して表してはならない。

⑨子どもの性器は決してさらされてはならない。

　これらに加えて、映画の中で女性が露出度の高い衣装の着用をすること

第2章 プロダクション・コードの施行と検閲の開始

や、官能的な踊り、性的な冗談、性的なことを示唆する題名を映画につけることなども禁止された。未婚の男女が一緒に寝室にいることはもちろん不適切なことであるとされ、加えて夫婦も寝室にいる際にはふたりでベッドに入ってはならなくなったのである。このため、ダブルベッドをふたつに割ったハリウッド・ベッド（今で言うところのツインベッド）というものさえ開発されたのである。また、映画館でも人種隔離政策が行われていたことも影響し、白人と有色人種の間における恋愛も禁止された。

一方、プロダクション・コードによってその描写が大きく変えられたのが、イエスや聖職者の扱いである。プロダクション・コードの第8条は「宗教」の扱いに関する規定であるが、以下の3項目がその内容である。

Ⅷ 宗教
① あらゆる映画もしくはその一部分で、いかなる宗教的信仰も愚弄されてはならない。
② 聖職者を映画の役柄として登場させる場合、彼らを滑稽な人物、あるいは悪役として登場させてはならない。
③ 特定の宗教の祭式を扱う場合は、慎重と敬意を持って扱われなければならない。

中でも重要なのが第1項である。この項目を厳密に遵守するならば、「神の子」を人間が演じることそのものが愚弄であり、冒瀆に該当する可能性があるとされたのである。このことから、イエスを中心に据えた映画の製作は大きなリスクを伴うため、映画製作者たちはそれを避けざるを得なかった。したがって、1934年以降の映画にイエスは何度か登場するものの、その顔は映されないのである。

また、1936年に教皇ピウス11世が映画に関する回勅を出し、映画の若年層に対する悪影響について言及したことや、イギリスではイエスの映像化

そのものが英国映画検閲委員会（British Board of Film Censors）によって禁止されたことも、同じ英語圏のイギリスもマーケットの対象としていたハリウッド映画に少なからず影響を与えていたと言える[82]。

2-3　検閲のプロセス

必然的に、1934年以降の映画はそれ以前とは全く違うものになっていく。そして、これらのプロダクション・コードで規定された禁止事項を遵守しない映画は、PCAからの承認印（seal of approval）[83]を受けられなかったため、MPPDAに加盟する系列の映画館に作品を配給することはできなかったのである。当時はMPPDAに加盟する「ビッグ・ファイブ」（ワーナー・ブラザーズ、MGM、パラマウント、20世紀フォックス、RKO）と「リトル・スリー」（コロンビア、ユニヴァーサル、ユナイテッド・アーティスツ）と呼ばれる映画会社が業界を独占した時代であったため、承認印を受けられないということはすなわち、ほとんど映画を上映できないということを意味していた[84]。

映画業界の自主検閲機関であるMPPDAの顔はプロテスタントのウィル・ヘイズであったが、実際に映画におけるモラルの範囲を決め、観客が観る映画すべてをコントロールできる立場にあったのは、MPPDAの下部組織であるPCA局長のジョセフ・ブリーンである。ブリーンは映画を企画書や脚本の段階から、プロダクション・コードに則って「不適切な表現」が使用されていないか精査した。脚本の段階で疑わしい場面があった

82　Reinhartz, *Jesus of Hollywood*, 15.

83　PCAの検閲を経て、MPPDAから承認が得られたことを示す映画の最初に貼るマーク。

84　Tino Balio, *The American Film Industry* (University of Wisconsin Press, 1985), 253.

第2章　プロダクション・コードの施行と検閲の開始

場合には、撮影現場まで足を運んで監視するほどであった。ブリーンは反ユダヤ主義的であり、ユダヤ系の映画プロデューサーたちがビジネスのために「善良なアメリカ市民」の性道徳を損ねていることが許せなかったのである。カトリックの司祭に宛てた手紙の中には、ユダヤ系プロデューサーを「地球のクズ」「汚い、下品な連中」などと呼ぶ差別的な表現が散見される。[85] 彼はプロダクション・コードを神聖視し、自らについても、ハリウッドを神の掟によって浄化させる崇高な任務を負っている者であると認識していたのである。MPPDAのウィル・ヘイズが「皇帝」(czar)と呼ばれ、ユダヤ系の映画プロデューサーたちが「大立者」(mogul)と呼ばれる中で、ブリーンにつけられたあだ名は「ハリウッドのヒトラー」であった。[86]

　ブリーンを中心に行われた検閲のプロセスは、①まず映画のプロデューサーがMPPDAに映画の脚本を提出し、②それをPCAのブリーンが検閲し、修正点をプロデューサーに返送し、③その後もう一度同じプロセスを経て、撮影が許可されたものは製作段階に入り、④映画として完成したものをプロデューサーがもう一度MPPDAに提出し、⑤さらにPCAがチェックし、合格したものにはMPPDAのロゴがついた承認印がPCAより与えられるという煩雑なものであった。それに加え、ブリーンはカトリック矯風団に完成した映画を提出し、さらにカトリック矯風団はその映画を「品位」に基づいて3段階のランクに分け、教会で公示したのである。

85　Doherty, *Hollywood's Censor: Joseph I. Breen and the Production Code Administration*, 199.

86　*Film Weekly* (August 31, 1934), 11.

第3節　キリスト教的価値観で規制される映画

3-1　プロダクション・コード施行後における女性表象の変化

　1934年のプロダクション・コードの施行は、アメリカ映画史における最も重大な出来事であったが、コード施行後は映画の中における女性の振る舞い方もそれ以前の映画とは全く違うものとなってしまった。映画評論家のミック・ラサールは次のように指摘する。

> 　（プロダクション・コードの施行は）女性にとって最悪の結果をもたらした。プロダクション・コードの下で、割に合わなかったのは犯罪だけではなかったのである。婚外交渉も報われない。不倫も報われない。離婚も報われない。夫のもとを離れることも報われない。婚外妊娠も報われない。時としては職に就くことさえ報われなかった。何もかも報われなくなったのである。プロダクション・コードは、規定を破った女性は誰でも惨めな破滅に陥ることを保証したのである。[87]

　プレ・コード期に活躍したメイ・ウェストやノーマ・シアラーなどの居場所は、コード施行後にはなくなってしまったのである。映画の中で「不適切な」行いをした女性たちは「悪い例」として必ず最後には罰せられる対象となった。信仰的に厳格なブリーンにとって、キリスト教的価値観による「『適切な』結婚、品位のある女性の描き方、良識のある肉体表現、法の遵守」がプロダクション・コードの中でも最も重要な点だったのであ

---

[87] LaSalle, *Complicated Women: Sex And Power in Pre-Code Hollywood*, 191.

第2章　プロダクション・コードの施行と検閲の開始

る。[88]

　前述のプレ・コード期におけるウェストの映画『わたしは別よ』では、プロダクション・コードが禁止する「性的不品行」の9項目に該当するほとんどすべてのものが含まれている。レディー・ルウは金銭目当てに結婚を何度も繰り返し（②性）、いつも露出度の高いドレスを着ており（⑥衣装）、男性の前で着替え（⑥衣装）、寝室で男性たちと会い（⑨場面設定）、情熱的なキスをし（②性）、ルウが舞台に立つ前には前座としてショーガールたちが露出の多い衣装で踊り（⑦舞踊）、映画の中の題材として売春が扱われ（②性／⑫不快な題材）、酒場では罵りや下品な言葉が飛び交っている（⑤下品な言葉）。また、ウェスト自身が売りにしている性的な冗談やほのめかしがこの映画には多く登場する（④猥褻な事柄）。

　このような女性が登場するプレ・コード期の映画も、1934年以降に再上映される場合、PCAからの承認印を必要としたため、プロダクション・コードに沿って切り刻まれるか、多くの場合はお蔵入りになってしまった。そのような理由から、プレ・コード期の映画は人々の目に触れなくなってしまい、長年評価されてこなかったのである。[89]

　コード施行後の衣装に関して言うと、プレ・コード期の映画で女性たちが着ていた露出度の高い衣装や透ける素材で作られた衣装はもちろんのこと、1934年以降は肌に密着した服を女性が着ることも禁止される。結果として映画の中の女性は、プレ・コード期の自由奔放でセクシーな姿から、コード施行後は貞淑で華奢な姿へと変えられていくのである。コード施行以降に活躍するようになる女優としては、イングリッド・バーグマン、

88　Doherty, *Hollywood's Censor: Joseph I. Breen and the Production Code Administration*, 96.

89　LaSalle, *Complicated Women: Sex And Power in Pre-Code Hollywood*, 205-206.

キャサリン・ヘップバーン、ヴィヴィアン・リーなどが挙げられる。また、プロダクション・コードが適用される範囲は映画に限定されず、アニメーションでさえも検閲の対象になったのである。例えば、胸が強調された短いミニドレスにガーターベルトがトレードマークであったアニメのベティー・ブープも、1934年以降はきちんと白い襟がついた膝丈まで長いドレスを着せられるようになるのである[90]。

1938年7月号の*Life*誌には、プロダクション・コードによって映画表現がどのように変化したかが特集されている。同じターザンの映画でも、コード施行前後で女性の衣装は全く違うのである[91]（図8）。

3-2 戦時下のハリウッド

第二次世界大戦中、ハリウッドは、映画監督のフランク・キャプラや、俳優で後に合衆国大統領となるロナルド・レーガン、そしてウォルト・ディズニーなどを筆頭に、政府の戦時情報局（Office of War Information, OWI）と協力してプロパガンダ映画を多く製作する。フランク・キャプラの『なぜ我々は戦うのか』（Why We Fight, 1944年）のシリーズが特に有名であるが、この映画のタイトルが示すように、本土より遠く離れたところで行われている戦争にアメリカが参加する理由を国民に周知させる必要があったのである。

全7作で構成されているシリーズは、いかに連合国側に神が味方しているのかというレトリックが使われた。シリーズ6作目の『中国での戦い』（The Battle of China）でも、「天皇を神と崇める日本人に対して、中国人の多くはアメリカに留学し、キリスト教を中国に持ち帰っている」（＝だから

90　Kristin A. McGee, *Some Liked It Hot: Jazz Women in Film and Television, 1928–1959* (Wesleyan University Press, 2009), 97.

91　*Life*, vol. 5, no. 3 (July 18, 1938), 51.

第 2 章　プロダクション・コードの施行と検閲の開始

（図 8）コード施行前後における女性の衣装の変化。右が1934年、左が36年の『ターザン』である。

中国にアメリカは味方しなければならない）と説明されているのである。「神が味方している」というレトリックは、後の冷戦時代における対共産主義、あるいは9.11後の対テロ戦争でも、アメリカ側に正義があることを示すために頻繁に使われることになるものである。

　一方、第二次世界大戦という非常事態のもとでもプロダクション・コードは遵守されていた。OWIとしては、敵国を可能な限り悪く表現することを望むが、PCAは、戦争という社会状況に関係なくコードの遵守をハリウッドに要請するのである。

　例えばThe Hitler Gang（1945年、日本未公開）という映画は、ヒトラーやナチスを批判した映画であることから、OWIにとっては大いに歓迎すべき映画であった。しかし、PCAのジョセフ・ブリーンからは、「全くもって、そして徹底的に受け入れられない」ものであると問題箇所の修正を求められている。この映画では、ヒトラーが性的不能者で幼い少女に興味がある人物として描かれ、ナチスの将校たちも同性愛者であるかのよう

に設定されていたことが問題視されたのである。特にブリーンが問題視したのは、ナチス支持者が「ヒトラーはイエス・キリストである」とヒトラーを崇めて言った台詞であった[92]。

　また、後にハリウッドから共産党員であることを理由に追放されることになる脚本家のダルトン・トランボは映画『夫は還らず』(Tender Comrade, 1943年) で、戦時下において働く強い女性の姿を提示し、OWIからは、女性たちを戦争に参加させるために大いに役立つ映画であると賞賛された[93]。しかし、ブリーンの検閲を経てしまうと、女性の美徳は「良妻賢母」であることがプロダクション・コードの基準であるため、この映画では、戦争が終わった後の女性たちは家庭へ戻っていくことが暗に示されている[94]。

　ジョセフ・ブリーンは第二次世界大戦中もPCA局長として「ハリウッドを浄化する」という役割を忠実に守っていたのである。まるで戦争自体がブリーンにとっては起こらなかったことのようであったと言われている[95]。

　時にはPCAからの規制が、結果として映画の質の向上に貢献した例もある。1942年に公開された『カサブランカ』(Casablanca) では、ヒロインのイルザ（イングリッド・バーグマン）が、反ナチの活動家であった夫ラズロが死んだと思い込んでいた頃に、交際していたリック（ハンフリー・ボガー

92　Clayton R. Koppes and Gregory D. Black, *Hollywood Goes to War: How Politics, Profits, and Propaganda Shaped World War II Movies* (University of California Press, 1990), 300–301.

93　トランボは『ティファニーで朝食を』の脚本の執筆者として有名である。

94　Thomas Schatz, *Boom and Bust: American Cinema in the 1940s* (University of California Press, 1999), 272–273.

95　Doherty, *Hollywood's Censor: Joseph I. Breen and the Production Code Administration*, 171.

第2章　プロダクション・コードの施行と検閲の開始

ド）と性的関係にあったことを暗示させないようにとPCAから要求されている。後にラズロが生きていたことが判明してイルザとの結婚関係が回復されるため、リックと性的関係があった場合には不倫に該当するからである。また、映画の最後にイルザは夫を捨ててリックを選ぼうとするが、これもコードの倫理基準では許されない行為であり、結果としてイルザはリックに説得されて夫とアメリカへ亡命するのである。残されたリックはカサブランカでレジスタンス運動に参加することを決意する、という結末で映画は終わっている。もしハリウッドに検閲のシステムがなく、この映画の最後にはイルザとリックが結ばれるという結末になっていれば、この映画は単なるメロドラマでしかなかったであろう。しかし、イルザと夫の関係が保たれ、ヨーロッパでの戦争にアメリカ人であるリックが参戦するという結末を迎えることによって、1942年という時代の要請にこの映画は応えており、歴史に残る傑作という評価を得ることになったのである。[96]

3-3　プロテスタント教会のハリウッドに対する反応

　これまで見てきたように、ハリウッドは1930年前後からカトリック矯風団をはじめとするカトリック教会からの圧力を受けてきたわけであるが、ハリウッドに対する当時のプロテスタント教会の反応はカトリックのそれとは少し違ったものであった。カトリック矯風団が大々的にハリウッドに対するネガティブ・キャンペーンを行った際にも、プロテスタント教会はカトリックのように組織的な抗議行動を起こすには至っていない。同様に、プロダクション・コードの内容に関しても、カトリックにイニシアティブをとられたかたちで、特に影響力を及ぼすことはなかった。もはやハリウッドのルール・ブックと化していたジョセフ・ブリーンは、「女性団体、YMCA、ユダヤ人、モルモン、クエーカー、その他すべてのプロテスタ

96　Schatz, *Boom and Bust: American Cinema in the 1940s*, 218.

ントたちが何をしようとも、ローマ・カトリックには敵わない[97]」と語り、ローマ・カトリックの価値観はすべてのプロテスタントを納得させることができると豪語していたほどである[98]。

　当時のプロテスタント教会がハリウッドに対してカトリック教会ほど熱心に抗議運動をしなかった理由として、ひとつめには、プロテスタントの教派間には神学的にも制度的にも隔たりがあり、全国レベルで協調して運動を起こす体制が整っていなかったことが挙げられる。そして、ふたつめには、MPPDAのウィル・ヘイズが元郵政長官であったために有していた政治力と、長老派教会の有力な長老としてプロテスタント教会に影響力があったことから、プロテスタント教会による抗議運動を未然に防ぐことができたということが考えられる。

　ヘイズは、プロテスタント教会から批判の声が上がると、元メイン州知事でバプテスト派の信徒代表としてキリスト教連邦協議会（Federal Council of Churches, FCC）[99]の管理委員を務めていたカール・ミリケンをMPPDAの書記官として指名する。さらにMPPDAの下部組織でPCAの前身である映画会社関係委員会（Studio Relations Committee, SRC）には、元アメリカ赤十字社の事務総長でメソジストの信徒であるジェイソン・ジョイを任命する[100]。MPPDA会長のヘイズは長老派、書記官のミリケンはバプテスト、SRC局長のジョイはメソジスト、というバランスの良い

97　Doherty, *Hollywood's Censor: Joseph I. Breen and the Production Code Administration*, 179.

98　Colleen McDannell, *Catholics in the Movies* (Oxford University Press, 2007), 39.

99　全米の教会をまとめるキリスト教協議会（NCC）の前身となる団体で、27のプロテスタント教派が集まる団体であった。

100　Johnson, *Miracles & Sacrilege: Roberto Rossellini, the Church and Film Censorship in Hollywood*, 90-91.

第2章　プロダクション・コードの施行と検閲の開始

人事配置によって、プロテスタント諸教派から深刻な批判を受けることを回避できたのである。

　また、もうひとつカトリックとの圧倒的な違いとして重要な点は、プロテスタント教会は映画という新しい技術を宣教活動に組み込むことに積極的な姿勢を持っていたという点である。1916年の会衆派教会の雑誌 *The Pacific* には、ある教会が毎週金曜日の晩に教会で映画の上映を行ったところ、飛躍的に教勢が伸びたということが紹介されている。この教会の映画上映会では、ヨセミテ国立公園の映像などを見せていたが、教会が行ってきた他のどんな活動よりも効果があり、毎週金曜日の晩は礼拝堂が人でいっぱいになったと書かれている。[101]

　また、*How to Fill the Pews*（『いかにして教会を満員にするか』）という、カンザス・シティー（ミズーリ州）のアヴォンデール合同メソジスト教会の執事が1917年に出した本には、教勢を伸ばすために小冊子を作ることや新聞広告を出すことと並んで、映画の効果的な使い方についても紹介されている。この本では、様々な教会がいかに試行錯誤を重ねて映画を使った宣教活動を行っていたのかが事細かに紹介されており、1917年頃のプロテスタント教会が映画を使った宣教を行っていた様子をうかがい知ることができる。

　また、あるテキサス州の教会が毎週日曜日の午後に映画館を貸し切って行っていた礼拝のことも紹介されている。その「映画館礼拝」の内容は、最初に1リールの映画（10分程度）を観る→祈禱→讃美歌（しかもスクリーンに歌詞が投影されるので、会衆は手ぶらで礼拝に参加できた）→30分の説教→また1リールの映画を観る→祝禱というものであった。この教会では、教会

101　*The Pacific*, vol. 66, no. 27-52 (J. W. Douglas, 1916).*The Pacific* は1851年創刊のアメリカ西部で最も古いプロテスタント教会の雑誌のひとつであり、カリフォルニア州ではあらゆる雑誌の中で最も古いものである。

員を対象にした主日礼拝が朝に行われた後に、午後の映画館礼拝を行い、教会員以外にも約350人の人を集めていたことが紹介されている。[102]

これらは当時、プロテスタント諸派の教会が映画という新しいメディアを福音宣教のツールとして利用していたことの一例である。そして確かにこのような流れがプロテスタント教会の間にあったことを示すように、1929年7月20日に発行された*New Yorker*の風刺画には、牧師が説教をしている姿がスクリーンに映されている光景が描かれている。絵の下には、「来週はフォスディック牧師の説教が見られるらしい。しかもフル・カラーで」という、会衆席に座る信徒の会話が書かれている（図9）。[103]

結

当時の映画界の構造は、映画を製作するのはユダヤ系のプロデューサーで、映画を作る監督の多くはカトリックの監督であり（ジョン・フォード、フランク・キャプラ、アルフレッド・ヒッチコックなど）、そして観客の多くはプロテスタント信徒というものであった。映画史家のトーマス・ドハティーはこの頃の映画と観客の関係について、「ユダヤ人が作った映画産業は、カトリックの神学をプロテスタントのアメリカ人に売っていた」と解説している。[104]

そもそも、アメリカ映画業界の自主検閲機関として始まったMPPDAの役割は、大恐慌の中での生き残りをかけたプレ・コード期における大

---

102 Ernest Eugene Elliott, *How to Fill the Pews* (The Standard Publishing Company, 1917), 264-265.

103 ハリー・E・フォスディックは当時ニューヨークで活躍したバプテストの牧師で、ファンダメンタル対モダニスト論争の中心にいた人物である。リベラル派の立場をとり、逐語霊感説を否定した。

104 Doherty, *Hollywood's Censor: Joseph I. Breen and the Production Code Administration*, 172.

第2章　プロダクション・コードの施行と検閲の開始

胆で戦略的な映画製作の中では有名無実化していかざるを得なかった。第一次ハリウッド黄金期と呼ばれた頃のハリウッド映画は、あたかも「逃れの町」のように、人々がアメリカの倫理（それはほとんどキリスト教的倫理と同義であった）から逃れ、快楽を享受することができる場所を提供した。

そして、この新しいメディアがアメリカの国民精神を堕落させることを恐れたキリスト教界、特にカトリック教会が中心となり、そこから国民を救うべく制定されたのがプロダクション・コードであった。こうしてハリウッドの第一次黄金期は終焉を迎え、プロダクション・コードを厳格に遵守させるための機関であるPCAが設立される。PCAによる検閲の開始は、それ以前の名ばかりであったMPPDAによる規制とは比較にならないほど厳格で徹底したものであった。

（図9）New Yorker の風刺画

また、この規制の実質的な意味での中核をなしているものは「性」に関する表現への規制であった。ここには、ハリウッド第一次黄金期（プレ・コード期）の映画で見られた「女性解放」的な価値観の転換に対するカトリック教会側の激しい抵抗の跡が見られる。プレ・コード期の映画では、単純に性的に不品行な女性たちだけではなく、後の女性解放運動で提唱されるような、女性の自立にまつわる多くの自由を謳歌する女性たちが描かれたが、彼女たちはプロダクション・コードによって映画の中から一掃されることになったのである。

当時の映画製作者たちはすでにそのことに気づいていたが、もはや映画は、それを観る人々に単なる笑いや感動を伝えるだけのものではなかっ

た。それは観る人々にアメリカの価値観を教え、キリスト教的倫理を伝え、「アメリカ的生き方」を示すだけの影響力を持っていたのである。価値を付与し、倫理を伝え、人生の道を示す。これはまさに、この世界で2000年来、教会が担ってきた役割であったはずである。カトリックを中心とするキリスト教界が、ハリウッドで製作される映画を操作しようとしたのは、彼らもまたこの映画というメディアの影響力を知っていたからに他ならない。

　一方で、この時代のプロテスタント教会は映画に対してはおおむね楽観的であったようである。映画を会衆動員の「呼び水」として利用するプロテスタント教会の姿からは、カトリック教会のような映画全般に対する激しい嫌悪感は見られない。この時期のプロテスタント教会にとっては、映画は概して効果的で新しい伝道のツールとして受け入れられていたと言える。

第3章 「神の国アメリカ」とエリア・カザン
(1950年代)

序

　1999年の第71回アカデミー賞で、あるひとりの映画監督に名誉賞が贈呈された。プレゼンターである映画監督のマーティン・スコセッシと俳優のロバート・デ・ニーロによってこの監督による数々の映画が紹介された後、名前を呼ばれた映画監督がゆっくりと舞台上のマイクまで歩く間、カメラは会場の出席者の様々な反応を追った。一部の者たちは座ったまま憮然とした表情で腕組みをし、ある者たちは座ったまま気乗りしない様子で拍手をしていたが、一方では、立ち上がって拍手を送り、名誉賞受賞者に対する尊敬の念を表す者たちもいた。

　長年、映画界に携わった人物のその多大な功績を讃えるアカデミー賞の名誉賞は、かつてチャーリー・チャップリンや黒澤明も受賞したことがあり、本来ならば会場の全員がスタンディング・オベーションで受賞者を舞台に迎えることが慣例となっている。しかし、この年の名誉賞の時には、授賞式の会場の中も外も、この受賞に賛成する者と抗議する者とが混在する異様な雰囲気に包まれていた。授賞式の会場の外では「裏切り者！」と書かれた黄色いプラカードを掲げた反対派による抗議デモと、この監督を賞賛する賛成派によるデモが展開されていた。そのような状況の中で、複雑な表情を浮かべながら登場したのが、89歳となった映画監督のエリア・カザンであった。

　カザンは、1950年代の冷戦による緊張が高まる中で実施された「赤狩り」（レッド・パージあるいはマッカーシズム）において、非米活動調査委員会

(House Un-American Activity Committee, HUAC)から召喚を受け、保身のために、かつての演劇仲間8人の名前を「共産主義シンパ」として公表したのである。この出来事を機にカザンは「裏切り者」というレッテルを貼られ、それ以降ハリウッドからアウトサイダーとしての扱いを受けることになる。

　実はカザンが非米活動調査委員会の「赤狩り」の対象となった背景には、ギリシャ系移民という彼の民族的出自が関係していた。当時、このハリウッドの「赤狩り」において厳しく追及を受けたのは主に移民たちであった。それに対してアメリカ系アメリカ人（あるいは白人のアングロサクソン系プロテスタント信徒）は主として糾弾する側にいたのである。

　1950年代には、アメリカ人にとって共通の「敵」として「神を否定する共産主義」が存在したことで、多民族国家であるアメリカはその「敵」に対して一致して対峙する必要が生じ、その方途として国民を「神の名の下にひとつにする」(In God We Trust)という道を歩み始める。その文脈の中で、やがて聖書を題材にした大作映画が次々と作られるようになる。移民出身のハリウッドの製作者たちもまた、自分たちが神の下にひとつになって共通の敵と戦う愛国者であることを、自ら製作する映画作品によって示そうとしたのである。そして、「裏切り者」というレッテルを貼られたカザンも、「赤狩り」によって被った汚名を返上するため、キリスト教的価値観をベースにした映画を製作するようになるのである。

　本章では、1950年代に「赤狩り」の嵐が吹き荒れる渦中で、いかにハリウッドが共産主義というアメリカ人にとっての共通の「敵」を意識しながら、自分たちが製作する映画の中でキリスト教的価値観を重視し、それを表現しようとしたかについて、エリア・カザンというひとりの映画監督を中心に考察を加える。

第3章 「神の国アメリカ」とエリア・カザン

第1節　ハリウッドの「赤狩り」

1-1 「赤狩り」が残した爪痕

　エリア・カザン（図10）はアメリカ映画史上、最も重要な映画監督のひとりである。『紳士協定』（Gentleman's Agreement, 1947年）と『波止場』（*On The Waterfront*, 1954年）でアカデミー賞監督賞を受賞し、他に『欲望という名の電車』（A Streetcar Named Desire, 1951年）や『エデンの東』（East of Eden, 1955年）などの代表作もある。彼は俳優のマーロン・ブランドやジェームス・ディーンを見出し、映画以外にも、アーサー・ミラーやテネシー・ウィリアムズの戯曲を舞台化し、ニューヨークに俳優養成所のアクターズ・スタジオを創設して新しい演技法である「メソッド法」を確立した。

　しかし、このような輝かしい経歴を持ちながら、「赤狩り」以降のカザンは常にアウトサイダーとして苦悩に満ちた人生を歩んできたのである。

（図10）エリア・カザン
James Kavallines 撮影
(©Library of Congress)

「赤狩り」は、自白や映画業界内からの内部告発・密告に依存した共産主義者粛正運動であり、告発した側された側の双方に大きな傷を残すものであった。1999年のアカデミー賞でカザンの名誉賞受賞が大論争を巻き起こしたことは、47年経っても「赤狩り」が当時の映画関係者にとって生々しい記憶として残っていたことを印象づけている。

　アカデミー賞授賞式の数カ月前からカザンへの名誉賞授与は様々なメディアで取り上げられ、論争の的になっていた。ところが、受

賞当日にアメリカ中が見守る中でカザンが行ったスピーチは非常に短いものであった。アカデミー会員に感謝の意を示した後、賞のプレゼンターで長年の支持者であったスコセッシを抱きしめ、最後に「これで静かに立ち去ることができる」(I think I can just slip away.) と言って舞台を後にしたのである。それには授与反対派も賛成派も少々拍子抜けした様子であった。少なくとも人々は、カザンの口から47年前の出来事への何らかの謝罪や、この数カ月間の論争へのコメントが出てくることを期待していたのである。[106]

1-2 ハリウッドにおける「赤狩り」の開始

第二次世界大戦後の冷戦初期の1947年3月、トルーマン大統領により、アメリカ連邦政府内の共産党員や共産党同調者と見られる人々を排除する目的で、行政命令9835が発令される。[107] これによって、連邦政府職員約200万人が、共産主義や全体主義、ファシズムなどの「非アメリカ的」イデオロギーに傾倒しているかどうかの調査を受けたとされている。[108] この事件は、アメリカ市民のプライバシーを公然と侵害する権利を政府に与えることになる最初の出来事であった。やがてこれは、作家や芸術家、そして映画関係者などの民間人に対する身辺調査へと飛び火するのである。

ハリウッドにおいて「赤狩り」が表面化したのは同年10月のことであ

---

105 slip awayには、「そっと立ち去る」という意味とともに、「死ぬ」という意味も込められている。当時、カザンはすでに病を患っており、自らの死を意識していたのである。

106 *New York Times* (March 22, 1999).

107 Mary Pat Kelly, *Martin Scorsese: A Journey* (Thunder's Mouth Press, 2004), 120.

108 Francis H. Thompson, *The Frustration of Politics: Truman, Congress, and the Loyalty Issue, 1945-1953* (Fairleigh Dickinson University Press, 1979), 32-33.

る[109]。最も初期に「赤狩り」の標的になった映画関係者は、1947年に非米活動調査委員会の召喚や証言を拒否し、議会侮辱罪で有罪判決を受けた「ハリウッド・テン」と呼ばれる10人の脚本家や映画監督たちであった。その中には、後に友人の名前を借りて『ローマの休日』(Roman Holiday, 1953年)の脚本を書き、アカデミー賞の最優秀原案賞を受賞した脚本家のダルトン・トランボも含まれていた[110]。ハリウッド・テンや彼らに同調する映画関係者は「米国憲法修正第1条の会」(The Committee for the First Amendment)を発足させて言論の自由を主張する。ところが、11月末にニューヨークのウォルドーフ・アストリア・ホテルで大手映画スタジオのエグゼクティブたちとMPAA(アメリカ映画協会[111])のエリック・ジョンストン会長が集まって会合を持った際、映画業界内における共産主義者の雇用を一切受け入れない方針を記した「ウォルドーフ宣言」(The Waldorf Statement)が発表され、事実上、ハリウッド・テンの業界追放は避けられない事態となってしまう。

　この事件を契機として、アメリカ映画界は「赤狩り」時代へと突入し、多くの映画人を失うことになる。実刑判決を受けたハリウッド・テンは半年から1年間服役し、ハリウッド・テンと同時期に非米活動調査委員会から召喚を受けたドイツ人劇作家のベルトルト・ブレヒトはドイツへ帰

109　Larry Ceplair and Steven Englund, *The Inquisition in Hollywood: Politics in the Film Community, 1930-1960* (University of California Press, 1983), 325.

110　トランボは「赤狩り」後、長くハリウッドで働くことができなかったため、『ローマの休日』のクレジットではイアン・マクレラン・ハンター(Ian McLellan Hunter)という友人の名前を借りている。

111　ウィル・ヘイズが1945年にMPPDA(アメリカ映画製作配給業者協会)を引退後、この組織はMPAA(Motion Picture Association of America、アメリカ映画協会)に改称された。

国した。チャーリー・チャップリンも、1952年に映画『ライムライト』(Limelight) のロンドン初公開に合わせてイギリスへ旅行中、アメリカから国外追放令を受けている。また同年、非米活動調査委員会に対して「非友好的」(Unfriendly) であると見なされてブラック・リストに載せられた俳優のジョン・ガーフィールドは映画界から閉め出され、その年に39歳の若さで心臓発作によりこの世を去っている。[112]

　非米活動調査委員会の調査活動は一般的に悪名高く、あたかも共産主義とは無関係な人を聴聞会にかけて無理やり尋問したような印象を持たれがちであるが、そもそも、1929年以降の大恐慌時代に映画や演劇に携わる多くの者が共産主義に傾倒し、実際に共産党に入党した者や共産党の集会に出席した者などはハリウッド内に多くいたのである。そのような人々が非米活動調査委員会から召喚状を受け取った時の選択肢は、大きく分けて3パターンしかなかった。すなわち、①国外逃亡する、②国内に留まって映画業界から追放される、③映画業界での仕事を続けるため、共産主義と関わりを持たないことを誓約し、共産主義傾向のある者やあった者の名前を挙げる、というものである。帰る国がある者は①を選び、他に生きる術を持つ者は②を、そして、これらのいずれも可能でない者は③を選ぶしかなかった。移民としてアメリカへ渡ってきたエリア・カザンには、③を選ぶ以外に選択肢は与えられていなかったのである。

1-3　永遠の「ユダ」としてのエリア・カザン

　映画『アメリカ、アメリカ』(America, America, 1963年) は、「私の名前はエリア・カザン。私は血筋としてはギリシャ人で、出身地で言うとトルコ人、そして、叔父がある旅をしてくれたおかげでアメリカ人でもある」と

112　ガーフィールドは、『郵便配達は二度ベルを鳴らす』(The Postman Always Rings Twice, 1946年) や『紳士協定』に出演した俳優である。

第3章　「神の国アメリカ」とエリア・カザン

いうカザン本人の宣言の後、物語が始まる。ある日、小さな村でトルコ人によるアルメニア人大量虐殺が起き、主人公スタブロスは一緒にアメリカへ行く約束をしていたアルメニア人の友人を失ってしまう。その事件後、ギリシャ人たちは、アルメニア人のような扱いを受けないよう、できる限り笑顔を取り繕ってトルコ人に媚びるようになった。

〈図11〉入国審査の時に笑顔で助けを求めるスタブロス（『アメリカ、アメリカ』）

スタブロスはそうした大人たちの姿に失望し、ひとりでアメリカへ行く決意をする。しかしその途中、裸足で無一文のままアメリカを目指すアルメニア人の青年ホハネスに出会い、その姿に胸打たれたスタブロスは靴を差し出し、自身は裸足で家に戻ってくる。それでもアメリカへ行く夢をあきらめきれずにいたが、そうした息子を見かねた父親がついにアメリカ行きを許してくれる。ただし、まずコンスタンチノープルへ行って資金を貯めてから家族全員を呼び寄せるようにと、スタブロスに全財産を託すのである。しかし彼は、途中で出会ったトルコ人に騙されて全財産を失い、路上生活を送ることになる。そのような中でホハネスと再会し、一緒にアメリカ行きの船に乗り込むが、スタブロスは正式なアメリカへの入国書類を持っていなかった。アメリカを目前にした時、すでに重度の結核を患っていたホハネスは、スタブロスにもらった靴と自分の入国書類を甲板に残して海に身を投げるのである。ホハネスとしてアメリカに入国したスタブロス（図11）は、靴磨きをして生計を立て、やがてアナトリアにいる家族をひとりずつアメリカに迎えるのである。

　このストーリーは映画化のために多少の脚色は加えられているが、スタ

ブロスのモデルであるカザンの叔父がアナトリア半島でギリシャ人というマイノリティーとして生きる生活から脱出し、アメリカへと渡った実話に基づいたものである。1913年、カザンが4歳の頃、両親と共に渡米できたのは、この叔父の苦労があったからに他ならない。[113]

　映画の原作である、カザンによって執筆された小説『アメリカ、アメリカ』には当初、『アナトリアン・スマイル』(The Anatolian Smile) というタイトルがつけられていた。これは、トルコ人から身を守るためにアナトリアに住むマイノリティーの人々が生きる術として身につけた、すべてを隠す笑顔を意味している。カザン本人もアメリカで寄留者として生活するうちに、笑顔の下にすべてのことを隠す術を身につけていた。カザンの伝記を執筆したジェフ・ヤングは以下のように書いている。

> エリアはすでに、祖先より受け継いだ「アナトリアン・スマイル」を彼なりに体得していた。それはすべてを――恐れ、怒り、恨み、失意、そして愛や喜びでさえも――隠す笑顔だった。アウトサイダーであるという理由で痛めつけられることがないよう、なんとか世間を渡っていくことを可能にする笑顔であった。また、不安感や孤立、外国人であること、魅力的でないこと、人とは違っていると感じていることを隠すための笑顔であった。そして、彼が常に自分自身との葛藤の中にいることを示す笑顔であった。その仮面の下で彼は復讐を計画することができ、自分を見下す「彼ら」よりも優れていることを証明する方法を作り上げていったのである。[114]

　1952年1月にカザンは非米活動調査委員会の非公開聴聞会からの召喚

113　Jeff Young, *Kazan: The Master Director Discusses His Films: Interviews with Elia Kazan* (Newmarket Press, 2001), 9.

114　Ibid., 9–10.

第3章 「神の国アメリカ」とエリア・カザン

を受けたが、その時は共産主義傾向のある者や、あった者の名前を挙げることを拒否している。しかし、3カ月後の4月には自ら公聴会を開くことを非米活動調査委員会に要請し、1930年代にグループ演劇に所属していた時に、18カ月間、共産党員として活動していたことと、当時の仲間で同様に共産党と関係のあった者8名の名前を公表したのである[115]。しかし、カザンが挙げた8名はすで委員会によって把握されていた者ばかりであった[116]。それにもかかわらず、この事件以来、カザンは、「金（スタジオとの契約）のために仲間を売った裏切り者」として、アメリカ映画界の中で永遠の「ユダ」になってしまったのである[117]。

注目すべきは、非米活動調査委員会という名称である。非米活動調査委員会から召喚状を受けた者は聴聞会に出席し、調査に協力するかしないかにより「友好的」（Friendly）か「非友好的」（Unfriendly）かに分類された。「非米活動」の調査に対して「非友好的」であることは、「非アメリカ的」「非アメリカ人」であることを意味したのである。そもそも、共産主義と関わりがあるとの嫌疑をかけられるのは、立場の弱い移民出身者が多かった。彼らにとって「非アメリカ人」であると烙印を押されることは、最も避けたい事態であった。その点では、移民であるカザンにとっても、選択の余地はなかったのである。

さらに言えば、映画界そのものがユダヤ系の移民たちによって築き上げられた業界であったため、非米活動調査委員会から多数の映画関係者

115　Brenda Murphy, *Tennessee Williams and Elia Kazan: A Collaboration in the Theatre* (Cambridge University Press, 1992), 67.

116　Ben Gazzara, *In the Moment: My Life as an Actor* (Da Capo Press, 2005), 62.

117　Charles Marowitz, *Stage Dust: A Critic's Cultural Scrapbook from the 1990s* (Scarecrow Press, 2001), 115.

が「非アメリカ人」であると見なされることは、映画産業そのものの死活問題に関わることであった。この事態に最も早く反応したのは、映画業界の自主検閲機関であるMPAAのエリック・ジョンストン会長である。彼は1947年に行われたハリウッド・テンの公聴会の席で、「共産主義者はとにかく破壊分子であって、私は彼らにはそばにいてもらいたくない。私は決して、共産主義者であると認めた者、証明された者を雇用することはない」と宣言している[118]。これに続く次の措置は、前述した大手映画スタジオの幹部たちによるウォルドーフ宣言の発表である。このようにして自主的に映画の検閲を行い、共産主義者を閉め出すことは、映画業界にとっても生き残るための手段だったのである。

このようにしてマイノリティーの業界人たちが困難にさらされている一方で、アメリカ系アメリカ人あるいはWASP（White Anglo-Saxon Protestant、アングロサクソン系プロテスタントの白人）[119]に属する映画監督のセシル・B・デミルや俳優のジョン・ウェイン、ウォルト・ディズニー、また当時は俳優で後に第40代アメリカ合衆国大統領となるロナルド・レーガンらは明確に反共姿勢を示し、ディズニーが創設者のひとりでもある「アメリカの理念保護のための映画同盟」（Motion Picture Alliance for the Preservation of American Ideals）に加盟して、非米活動調査委員会の調査にも積極的に協力したのである。彼らはエリア・カザンの比にはならないほど非米活動調査委員会に対して「友好的」であったが、「真のアメリカ人」である彼らはカザンのように「裏切り者」「ユダ」として扱われることはなかったのである。

118　Bernard F. Dick, *Radical Innocence: A Critical Study of the Hollywood Ten* (University Press of Kentucky, 1989), 7.

119　広義では、いかなるマイノリティーにも属さない白人エリート層のことを意味する。

第3章 「神の国アメリカ」とエリア・カザン

第2節　映画『波止場』におけるキリスト像

2-1　ハリウッドでの居場所を失ったカザン

　1952年に非米活動調査委員会の公聴会で証言した後、カザンは20世紀フォックスのプロデューサー、ダリル・F・ザナックから、共産党員であった過去の清算として、反共産主義的な映画『綱渡りの男』(Man on a Tightrope, 1953年）を監督することを要請される。[120] これは、社会主義体制下のチェコスロヴァキアで活動するサーカスの一団が自由を求めて西側のドイツに亡命することを企てる、という映画である。しかし映画は興行的に失敗し、カザンは20世紀フォックスでの居場所を失ってしまう。その時の様子をカザンは次のように語っている。

　　あの映画が真に自分とハリウッドとの関係を終わらせたんだ。……（中略）……ドイツに行く前は、自分は映画監督として大御所扱いを受けていて、カリフォルニアには大きな建物の中にオフィスを持っていた。この映画がそんなに上出来でないことは分かっていたが、手を加えたら良いものになると信じていた。カリフォルニアのスタジオに戻った初日、ドアマンに「オフィスはどこだ」と聞いたら、「旧作家ビルに格下げになった」と言う。それは、駆け出しの作家などが入っている建物だ。そこで分かったんだ。この映画がいかにプロデューサーたちの目に失敗作だと映っているかがね。……（中略）……（旧作家ビルの中の）小さなオフィスの机の上にはザナックからの手紙が置いてあった。「『綱渡りの男』を編集して20分削った。きっと君も気に入るだろう」と書いてあった。この手紙の見えない前

---

[120] Lev, *Transforming the Screen, 1950-1959*, 80.

置きは、つまり「もし気に入らなかったら、くたばれ！」ということなんだ。こんなひどい状況を許したのは、人生でこれが最後だった。これを最後に大手スタジオのプロデューサーと働くこともやめた。編集作業というのは映画の質を少なくとも3分の1は左右するものだから、編集する権利がないような映画なら作らないほうがマシだ。[121]

そのような状況に陥ったカザンはニューヨークに戻り、脚本家のバッド・シュルバーグと共に、ニュージャージー州のホーボーケン市で働く港湾労働者たちを描いた映画『波止場』を作る準備を始める。当時どん底にいたカザンにとって、また、彼と同様に非米活動調査委員会からの召喚状を受けて「友好的」に協力せざるを得なかったシュルバーグにとっても、『波止場』の成功は彼らの映画人生に最も重要な転機をもたらすことになる。ウォルドーフ宣言によって共産主義者や共産主義傾向のある者は映画界から追放されたが、たとえ非米活動調査委員会の聴聞会で「友好的」な証言を行っても、ハリウッドでの居場所が確保されていたわけではなかったのである。証言してもしなくても、召喚状を受けたマイノリティーに属する人々には茨の道が待っていた。そこから抜け出すには、自らの力で自分自身を贖うしかなかったのである。

2-2　再起を賭けた『波止場』

　カザンが1952年に非米活動調査委員会の公聴会で証言してから、ジョセフ・マッカーシー上院議員の失脚により「赤狩り」が沈静化するまでの間にカザンが監督した映画は、『綱渡りの男』を除くと、『波止場』（1954年）と『エデンの東』（55年）がある。移民の身分であり、仲間を裏切ったと見

---

[121] Elia Kazan and William Baer, *Elia Kazan: Interviews* (University Press of Mississippi, 2000), 172, 137-138.

第3章 「神の国アメリカ」とエリア・カザン

なされていたカザンは、このふたつの映画を製作する際に、これらがアメリカ社会に受け入れられることを意図して、そこにキリスト教的モチーフを巧みに埋め込んでいる。ジョン・スタインベック原作の『エデンの東』は、タイトルからしてキリスト教と関係があることは明白であるが、『波止場』ではキリスト教的なシンボルやモチーフが随所に見えるかたちで編み込まれており、マフィアが支配する体制に勇敢に立ち向かう港湾労働者の姿をキリスト教的な題材によって描いている。

「赤狩り」以降、ハリウッドから見捨てられたカザンと脚本家のシュルバーグは、『波止場』にすべてを賭けざるを得なかったのである。シュルバーグは「赤狩り」以降、自分は「孤児」になったと語っているが、彼は『波止場』の脚本を書き続けるため、自分の所有する農場を抵当に入れている[122]。ようやく見つかったプロデューサーは、どこのスタジオにも属さないサム・スピーゲルで、シュルバーグとは脚本をめぐって争いが絶えなかった。スピーゲルの働きによってコロンビア映画社長ハリー・コーンから製作費の約束が取りつけられ、映画化が可能になったものの、同じ頃に作られた『十戒』(The Ten Commandments, 1956年) の製作費が1300万ドルだったのに対し、『波止場』の製作費はわずか80万ドルであった。

『波止場』は、元ボクサーで今は波止場で荷役をしているテリー・マローン(マーロン・ブランド)が、ある晩、古くからの友人であるジョーイを殺害する一端を担うことになるところから始まる。彼らが働く波止場は、ジョニー・フレンドリーというマフィアのボスが牛耳っており、波止場で起きた事件に関して港湾労働者たちはD&D (Deaf and Dumb、尋ねられても答えず、情報を求められても提供しないこと) を強要され、逆らう者は容赦なく殺された。一方、波止場に近い教会ではバリー司祭が港湾労働者を集めて

122　Joanna E. Rapf, *On the Waterfront* (Cambridge University Press, 2003), xvi-xvii.

集会を開き、マフィアが公然と行ってきた殺人を犯罪調査委員会で証言するよう熱心に説得を試みていたが、反発するマフィアたちに教会は襲撃されてしまう。殺されたジョーイの妹であるイディに出会ったことで良心の呵責に苦しむようになるテリーであったが、やがて自分の兄も殺されてしまったことから、証言台に立つことを決意するというのが大まかなストーリーである。

　この映画で重要な役割を果たすのが、マフィアに毅然と立ち向かうバリー司祭とイディの存在である。特に、兄を殺した犯人を捜すイディが登場するカットでは、彼女のそばに様々なかたちで十字架が示される（図12、13）。教師になることを目指してカトリックの学校に通っているイディは、この映画に登場する唯一のブロンドの人物であり、その存在はモノクロ映像の中でも際立っている。イディは、マフィアによる不正が横行する波止場で唯一の汚点のない純粋な存在であり、彼女は十字架と共に画面に現れ、無垢で善なるキリスト教精神を体現する者として表現されているのである。

　また、バリー司祭が語る台詞は、この映画を通してキリスト教的なメッセージを伝える上で重要な役割を果たしている。例えば、港湾労働者を教会に集めて集会を持った時、沈黙を通す彼らに、「沈黙することは殺人者

（図12）十字架に見立てたアンテナの下に立つイディ。

（図13）イディの左側にはライトに照らされた十字架が掛けられている。

第3章 「神の国アメリカ」とエリア・カザン

たちを守ることと同じだ。そんな自分たちのことをクリスチャンだと呼べるのか」と半ば叱りつけるように言い放つシーンなどがある。

　また、犯罪調査委員会で証言することを決意したある港湾労働者が殺された時に、怒りを込めてバリー司祭が行った「波止場の説教」(The Sermon at the Docks)と呼ばれるスピーチはとりわけ印象的である。バリー司祭は、実際にニューヨークの波止場で労働者の権利保護のために闘っていたイエズス会のジョン・M・コリダン司祭がモデルとなっているが、この説教も、コリダン司祭が語ったことを脚本家のシュルバーグがそのまま逐語的にセリフとして起こしたものである。[123] この説教は映画の中で3分以上にも及ぶが、その一部は以下のような内容である。

　　十字架の死はカルヴァリーの丘でしか起こらなかったと思っている者がいるだろう。そのような者たちは気づくがいい！　ジョーイが証言しないように殺されたのは、十字架の受難だ。明日知っていることを洗いざらい話そうとしていたドゥーガンが殺されたのも、十字架の受難だ。マフィアに抵抗する善良な市民がその義務を果たそうとしている時に、それを上からマフィアが妨害するのは、すべて十字架の受難だ。そして、事の次第を漫然と見過ごした者、何が起こったのか知っていながらも沈黙を守る者は皆、十字架にかけられた我らの主を槍で突き刺したローマ兵と同じ罪を負っている。……（中略）……ここにいる者はすべて、キリストに繋がる兄弟だ！　覚えておいてほしい。キリストは常に共にいてくださる。毎朝、日雇い労働者の選定が行われる時、そこにキリストもおられるのだ。一緒に船底にも来られる。組合の集会にもおられる。今もこうして命を落としたドゥーガンの隣に寄り添っておられるのだ。そして、我々ひとりひと

123　Baugh, *Imaging the Divine: Jesus and Christ-Figures in Film*, 223; Rapf, *On the Waterfront*, xvii.

りに話しかけられる。「わたしの兄弟であるこの最も小さい者の一人にしたのは、わたしにしてくれたことなのである」と。そして、我々の兄弟であるジョーイやドゥーガンの身に起こったことは、おまえたちの身にも起こったことなんだ。そう、おまえたちすべてのことだ。しかも、神の力を借りて悪の力を打ち負かすことができるのも、おまえたちだけなんだ。

　ここでバリー司祭は、殺害された自分たちの仲間とキリストの受難とを関連づけて語り、それに対して行動を起こそうとしない人々を、イエスを十字架につけたローマ兵と同罪であると述べている。そして、波止場の共同体の中で起こっている腐敗を告発することは神の意志であり、神の力があれば自分たちはそれを成し遂げられると語りかけているのである。
　このようにこの映画では、イディやバリー司祭を通して、悪に敢然と立ち向かう者の正義は神に由来するものであるということが表現されている。そして、自分が属する共同体のルールを破ってまでもイディやバリー司祭の側に立つ決意をする主人公テリーもまた、神の正義を行う者なのである。

2-3　ハリウッドの「ユダ」が提示したキリスト像

　この映画にキリスト教的価値観を織り込んだカザンとシュルバーグの思惑のすべては、エンディングに集約されている。
　兄を殺されたテリーは、マフィアのボス、フレンドリーが労働者たちの殺人に関与していることを犯罪調査委員会の前で証言する。その日からテリーは仲間から露骨に避けられ、周囲から「垂れ込み屋」(Stool Pigeon)「裏切り者」と呼ばれるようになる。また翌朝、波止場へ出かけてもテリーに仕事は与えられないのである。ついにテリーはフレンドリーを真っ向から非難し、取っ組み合いになるが、加勢に入った部下たちから激しい暴行を受けた末に水際に放置される。騒ぎを見に来た労働者たちは、そんな血まみれのテリーの姿を目撃する。フレンドリーは彼らに仕事に戻るよ

第3章 「神の国アメリカ」とエリア・カザン

う命令するが、労働者たちは、テリーが自分たちと共に働けるようにならない限り仕事には戻らないと宣言し、マフィアの権力に集団で抵抗を示すのである。それを聞いたバリー司祭はテリーを立たせ、「君はフレンドリーとの試合には負けたが、この戦争に勝つチャンスはまだある」と言って、テリーをひとりで仕事場まで歩かせる。このテリーの行動によって、フレンドリーは波止場における権力を失い、労働者たちはマフィアによる支配から解放されるのである。

　このように自らを犠牲にして共同体を贖うテリーの姿は、キリスト教的背景を持つ人々から見れば、明らかにキリストのイメージ（Christ figure）である[124]。痛めつけられても立ち上がって波止場まで歩くテリーの姿は、バリー司祭が「波止場の説教」で語った、目に見えない十字架を背負った受難者そのものである。こうして映画を観ている人々は、神の庇護のもとで見えない十字架を背負うテリーに味方せずにはいられなくなるのである。

　注目すべきは、このようなほとんど宗教映画とでも言うべき映画を製作していながら、カザンや脚本家のシュルバーグは、実際はほとんどキリスト教に興味を持っていないという点である。カザンに関して言えば、興味を持っていないどころか、キリスト教に関しては否定的ですらある[125]。

124　Baugh, *Imaging the Divine: Jesus and Christ-Figures in Film*, 209, 223–224; Neil P. Hurley, "On the Waterfront: Rebirth of a 'Contenduh'," in *Image and Likeness: Religious Visions in American Film Classics*, ed. John R. May (Paulist Press, 1992), 101–103; John Lyden, *Film as Religion: Myths, Morals, and Rituals* (New York University Press, 2003), 24; Aubrey Malone, *Sacred Profanity: Spirituality at the Movies* (Praeger, 2010), 219; Clive Marsh and Gaye Ortiz, *Explorations in Theology and Film: Movies and Meaning* (Blackwell, 1998), 123.

125　『欲望という名の電車』を監督した際にカトリック教会から攻撃を受けた経験もあり、カザンはキリスト教に対して否定的である。

カザンの映画でキリスト教的なモチーフやシンボルがはっきりと出てくるのは、この『波止場』と、翌年に公開された『エデンの東』、そして『アメリカ、アメリカ』のみである。要するに、非米活動調査委員会で証言した後、背水の陣で挑んだ『波止場』と『エデンの東』、そして抑圧されたマイノリティーである叔父がモデルとなっている『アメリカ、アメリカ』は、どうしてもアメリカ社会に好意を持って受け入れられる必要があったため、これら三つの映画に限ってはキリスト教が映画の中心に据えられているのである。[126]

　つまり、ハリウッドから「裏切り者」のレッテルを貼られてしまったカザンは、アメリカで圧倒的多数の価値観であるキリスト教の教えに合致した映画作りをする必要があったのである。そしてそれは、当時のアメリカ映画界全体のエートスとの自己一致でもあった。この頃のハリウッドでは、『十戒』や『ベン・ハー』(Ben-Hur, 1959年) などに代表される、聖書を題材にした大作が多く作られていた。トニー・ショーは、アメリカ映画界が「赤狩り」の恐怖の中にあった冷戦時代の映画について、以下のように分析する。

　　この時代にいかに多くの映画がスピリチュアルなことと地政学的な問題とを一緒に扱っていたかということは実に驚きに値する。これらの映画の多くは、当時の政治的・社会的問題を宗教的な枠組みの中に組み込んでいたのである。冷戦による東西の対立は〈資本主義・反共産主義・キリスト教〉に同義性を与え、また西にも東にも属さない傍観者に関しては、西側陣営の「神によって命じられた尊き使命」に対する敵対者であると解釈さ

---

126 『アメリカ、アメリカ』では、主人公スタブロスがアメリカへ無事に渡ることができたのは神の加護のおかげであるといった台詞が何度か出てくる。

せるような映画もあった。[127]

このような冷戦時代という特殊な環境下にあって、映画界で裏切り者の「ユダ」として蔑まれていたカザンは、キリスト教的な題材を扱う映画を作ることによって自らの立場を守る必要があったのである。カザンは映画『波止場』で、自らを犠牲にして労働者たちを救うキリスト的人物を描き、その年のアカデミー賞で8部門受賞という快挙を成し遂げたのである。

第3節　プロダクション・コード崩壊前夜

3-1　隠れ蓑としての映画におけるキリスト教的テーマ

映画はひとつの芸術表現である一方、収益がなければ成り立たないものでもある。つまり、トニー・ショーが指摘するように、冷戦時代においては資本主義・反共産主義・キリスト教を同義に扱う映画が売れる映画だった。このすべてを兼ね備えたのが、聖書を題材にした娯楽大作（Biblical epic）であり、聖書を題材にしたものや聖書的なテーマを扱ったものはPCA（映画製作倫理規定管理局）の審査にも通りやすかったのである。

エリア・カザンは1951年の『欲望という名の電車』でカトリック教会から抗議を受け、PCAからも厳しい指導を受けた。そのため、原作のテネシー・ウィリアムズの舞台脚本から、重要な意味を持ついくつかの箇所をプロダクション・コードの規定に沿って変更せざるを得なくなったのである。例えば舞台では、主人公ブランチがかつて結婚していた相手は同性愛者として描かれており、彼はそのことで思い悩んで自殺するという筋立て

127　Tony Shaw, *Hollywood's Cold War* (Edinburgh University Press, 2007), 109.

になっているが、映画版では彼は繊細で傷つきやすい性格であるがゆえに自殺したことになっている。また、ブランチが義弟によって性的暴行を受けるシーンも、映画版では性的なものではなかったかのように描かれている。

　一方、『波止場』では、バリー司祭という人物を配することによってカトリックの好感を得ることに成功し、結果的にPCAの審査も甘いものとなった。この映画で主人公のテリーがバリー司祭を「地獄に落ちろ！」（You go to hell!）と罵る一場面があるが、この"Hell"という単語の使用はプロダクション・コードでは好ましくないとされている。それにもかかわらず、この映画がPCAからの承認を得ることができたのは、この映画が注意深くキリスト教的な価値観に添って製作されたからである。PCAの局長であるジョセフ・ブリーンから、『波止場』のプロデューサーであるサム・スピーゲルに宛てられた手紙には以下のように書かれている。

　　（映画『波止場』は）ニューヨークの波止場で起きている不正問題を毅然と取り扱い、その問題に対する解決を勇気ある司祭の指導のもとに見出すという素晴らしい作品です。……（中略）……この映画の中で、形の上ではプロダクション・コードに抵触する"Hell"という単語が使われていますが、そのシーンが映画から取り除かれる必要はないでしょう。……（中略）……文字通りに受け取ればプロダクション・コードに違反していますが、"Hell"という単語の扱いについて記されている条項の意図には反していません。"You go to hell!"という表現は、この映画の中で軽々しく使われているわけでも、卑俗な表現でもなく、神への冒瀆でもありません。この台詞はいたって真剣な場面で発せられることによって妥当性を保ち、しかも、司祭

の顔にショックの表情が見られるという一定の効果を上げているのです。[128]

このように、プロダクション・コードで禁止されている表現が映画の中で使用されても、キリスト教の価値観に添って製作された映画であれば寛大な措置が講じられたのである。特にこの『波止場』のように、勇気あるカトリック司祭が労働者の権利のために闘うという映画は、カトリック信徒であったブリーンに好意的に受け止められやすかったのである。その一方で、『波止場』の前年に公開された戦争映画 Cease Fire!（日本未公開）は、登場人物たちが３度小さく呟く程度の"Hell!"あるいは"Damn!"という言葉により、PCAからの承認は得られていない。

このように、当時のハリウッドはプロダクション・コードの制約を受けながら、時にはそのコードの底辺に厳然と流れるキリスト教的価値観を逆手にとり、したたかに高い興行成績を上げる映画を製作することも可能だったのである。

3-2 聖書を題材にした娯楽大作

1950年代に、プロダクション・コードを守りつつも高い興行成績を上げることに成功したのが、聖書を題材にした娯楽大作である。しかし、プロダクション・コードの第８条①に、「あらゆる映画もしくはその一部分で、いかなる宗教的信仰も愚弄されてはならない」と規定されていることにより、聖書を題材にしたこの頃の映画では、神の子であるイエス・キリストを人間の俳優が演じることは冒瀆だと見なされていた。したがってイエスが登場する映画では、イエスの手や後ろ姿は映しても、イエスを演じる俳優の顔は画面に出さないという苦肉の策がとられたのである。

128　Doherty, *Hollywood's Censor: Joseph I. Breen and the Production Code Administration*, 320-321.

(図14)『聖衣』

(図15)『ベン・ハー』

例えば『クォ・ヴァディス』(Quo Vadis?, 1951年)や『聖衣』(The Robe, 1953年)では、主人公は十字架を担ぐイエスに出会うが、その顔は十字架によって隠されている(図14)。『ベン・ハー』では、奴隷として連行される主人公ベン・ハーに水を与える大工としてイエスが登場するが、後ろ姿でしか現れず、イエスの神聖さはその顔を仰ぎ見る登場人物の表情によって推測されるような演出がなされている(図15)。また、リタ・ヘイワースが主人公のサロメを演じる映画『情炎の女サロメ』(Salome, 1953年)では、最後に「山上の説教」を行うイエスが登場するが、このイエスに至っては背景画の一部として描かれているのみである。

　その一方で、『情炎の女サロメ』では、他の映画では到底PCAから許可されないようなことが許されているのである。この映画で最も有名なサロメが踊る場面では、物語の設定を「サロメが洗礼者ヨハネを救うために踊る」と変えることによって、5分にも及ぶ官能的なダンスを見せることを可能にしている。このシーンでは、サロメは踊りながら次々と着ているヴェールを脱ぎ捨て、最後にはベージュのボディ・ストッキングのみの姿

第3章 「神の国アメリカ」とエリア・カザン

タイトル	原題	公開年
『サムソンとデリラ』	Samson and Delilah	1949年
『クオ・ヴァディス』	Quo Vadis?	1951年
『愛欲の十字路』	David and Bathsheba	1951年
『聖衣』	The Robe	1953年
『邪教の王妃』	Sins of Jezebel	1953年
『情炎の女サロメ』	Salome	1953年
『ディミトリアスと闘士』	Demetrius and the Gladiators	1954年
『異教徒の旗印』	The Sign of the Pagan	1954年
『十戒』	The Ten Commandments	1956年
『ベン・ハー』	Ben-Hur	1959年
『ソロモンとシバの女王』	Solomon and Sheba	1959年

になりながらヘロデの前で踊るのである[129]。このサロメ以前に、これほど肌を露出した女性は一般の映画の中では見られない。この映画は、官能的な踊りや露出度の高い衣装の着用を規制しているプロダクション・コードに明らかに違反しているにもかかわらず、聖書を題材にした映画であったためにPCAからの指導が入らなかったのである。しかも、『情炎の女サロメ』の配給元であるコロンビア映画によると、この映画は当時いくつかの主流派の宗教団体からの支持すら受けていた[130]。

　1950年代に作られた聖書的娯楽大作には、上の表に記したようなものがある。聖書を映画の題材にすることは、実際のところ、女優に露出の多い衣装を着させるなど、プロダクション・コードで禁じられている内容を

129　Baugh, *Imaging the Divine: Jesus and Christ-Figures in Film*, 253.
130　Kendall R. Phillips, *Controversial Cinema: the Films that Outraged America* (Praeger, 2008), 139.

扱うための大義名分として利用されていた側面がある。例えば、プロダクション・コードは明確に姦通を禁止しているが、ダビデとバトシェバの聖書物語を映画の題材にすれば、姦通も堂々と扱うことができるというダブル・スタンダードが存在したのである。また、映画『十戒』で最も注目を集めたシーンは、シナイ山で神から十戒を受けるモーセを待たずに、金の牛を造って遊蕩する人々を延々と描いたシーンであった。

20世紀フォックスのダリル・ザナックは、この頃の映画が聖書を題材にしつつも、実はその本来的な目的は魅惑的な女性を大胆に描くことにあったと、あるプロデューサーへ宛てた手紙の中で以下のように述べている。

> 誰も『シバの女王』という映画のタイトルから、宗教的・聖書的な映画を観ることになるとは思わないはずだ。サロメやクレオパトラ、トロイのヘレンやシバの女王から連想されるのは、セックスや性的魅力、あるいは誘惑といったイメージだろう。もし『シバの女王』を映画化して大きな興行収入を得ようと思うなら、このイメージこそ成功の大事な秘訣だ。きわめて簡単に言えば、この映画は、魅惑的かつ邪悪で妖艶な女の話にするべきだろう……。まだ公にはしていないが、君も知っているように、私はマリリン・モンローにシバを演じさせる想像までしている。もしこれが実現したら空前の大ヒットになるだろう。そうは言っても、何事も良いストーリーと演出によるのだが。確かに言えることは、爆発的に売れる可能性があるということだ……。[131]

加えて、冷戦時代であったこの時代には、イエスと同時代に生きたとい

---

131 Rudy Behlmer, *Memo from Darryl F. Zanuck: The Golden Years at Twentieth Century-Fox* (Grove Press, 1995), 248.

う設定の人物の映画や、新・旧約聖書の物語の映画化は、アメリカ人にとって自らが神によって選ばれた民であるとの自覚を促し、ひいては聖書に基づく大作映画によってもたらされた富は、アメリカの資本主義そのものが神による恩寵であるかのように認識されたのである[132]。

3-3 プロダクション・コードに対する挑戦

やがてプロダクション・コードは、検閲のプロセスを経ずに映画を公開して成功を収めたオットー・プレミンジャーのような映画監督の登場や、1955年のジョセフ・ブリーンのPCAからの引退などによって、大きくその規制は緩和されることになる。しかし、このプロダクション・コードに決定的な風穴を開けたのは、エリア・カザンの『ベビィドール』(Baby Doll, 1956年）であった。

『波止場』と『エデンの東』で成功を収めたカザンがその次に製作した本作は、テネシー・ウィリアムズが舞台のために書いた脚本を映画化したものである。そもそも、カザンがウィリアムズの脚本を映画化した『欲望という名の電車』で論争が巻き起こっていたため、『ベビィドール』も論争の的になるであろうことはある程度予測されたことであった。

この映画は、ベビィドールと呼ばれる19歳の少女が20歳の誕生日を迎えるまでの3日間の騒動を描いたものである。彼女はすでに、親によって決められた歳の離れた夫アーチー・リーと結婚しているが、夫とは「20歳になるまでセックスをしない」という約束を交わしており、夫はそのため

---

132 Richard G. Walsh, *Reading the Gospels in the Dark: Portrayals of Jesus in Film* (Trinity Press International, 2003), 173-180.

(図16)『ベビィドール』についての論争を伝える Life 誌の記事（©Time Inc.）

に欲求不満を抱え、妻の寝室を覗き見る毎日を送っている[133]。映画の冒頭のシーンでは、寝室を覗き見る夫の視点から、小さなベビーベッドで眠っているベビィドールの顔がアップになり、親指をくわえた口元が動く様子をカメラが捉えている。ベビーベッドに横たわる幼い妻への夫の欲求不満を表したこのシーンは、当時の観客に大きな衝撃を与えている[134]（図16）。[135]

133　この寝室を覗き見るシーンは、公開前からニューヨークのタイムズ・スクエアに宣伝用の巨大なビルボードとして登場しており、公開前から非常に問題視されていた。

134　"Bitter Dispute Over Baby Doll," *Life*, vol. 42, no. 1 (Jan 7, 1957), 60 –61.

135　このシーンは世間に大きな衝撃を与えたと同時に、大変な話題も呼んだ。現代でも女性が着る丈の短いネグリジェ（寝衣）をベビィドールと呼ぶが、これはベビィドールを演じるキャロル・ベイカーが着た衣装に由来する。

第3章 「神の国アメリカ」とエリア・カザン

　このシーンから始まって最後まで、満たされない性的欲求と誘惑とがこの映画のテーマである。アーチー・リーは妻との生活もうまくいっていないが、自身が経営する紡績工場も、ライバルであるシチリア系移民のシルヴァの出現によって業績が悪化し、ますます窮地に追い込まれる。借金のために家具まで持って行かれてしまったアーチー・リーは、ついにシルヴァが経営する紡績工場に放火してしまう。それをアーチー・リーの仕業だと疑うシルヴァは、その真相を探るため彼の家を訪れて妻のベビィドールを誘惑するのである。

　この作品以前にエリア・カザンとテネシー・ウィリアムズが組んだ映画『欲望という名の電車』は、カトリック教会から激しい反発を受けている。映画公開にあたっては、聖職者を母体とするカトリック矯風団から視聴禁止を意味するC（Condemned）レイティングをつけるとの脅しを受けたため、配給元のワーナー・ブラザーズはプロダクション・コードを執筆したマーティン・クィグリーにCレイティングを避けるよう、編集のやり直しを依頼したほどである。しかもこの判断は、最終的な編集権を持たない監督のカザンには知らされずに行われたのである。[136]　この仕打ちに激しく憤ったカザンは、この苦い経験を踏まえ、『ベビィドール』では、脚本を書いたテネシー・ウィリアムズと共にプロデューサーも務め、最終的な編集権を確保していたのである。[137]

　『ベビィドール』の公開時期がクリスマス前であったこともあり、カトリック教会はクィグリーやニューヨークの大司教フランシス・ジョセフ・スペルマン枢機卿を中心に大規模な抗議運動を展開し、映画の公開中止を

136　Frank Rose, *The Agency: William Morris and the Hidden History of Show Business* (HarperCollins, 1995), 167–168.

137　Gregory D. Black, *The Catholic Crusade Against the Movies, 1940–1975* (Cambridge University Press, 1998), 164.

求めている。スペルマン枢機卿は降誕前節の説教で、会衆に向かって『ベビィドール』がいかにアメリカの脅威になるかを熱心に説いたとされている。しかし、映画に取って代わろうとするテレビの脅威もあり、映画はテレビでは見せられないギリギリの性的表現や、よりいっそうの刺激とスケールの大きさを追求する必要に迫られていたのである。もはやハリウッドのプロデューサーたちは、カトリック矯風団や枢機卿からの抗議を受け入れる余裕はなく、またその必要性も以前ほどには感じていなかったのである。ジョセフ・ブリーンが引退した後のPCAにおいて規制は大幅に緩和され、カトリック教会から激しい抗議を受けたこの『ベビィドール』も、PCAは最終的に承認することになる。このことはすなわち、これまで歩調を合わせてきたPCAとカトリック教会との関係の終わりを意味していたのである。

結

　冷戦時代に入り、「神を否定する共産主義」という厳然たる「他者」の存在を得たことにより、多民族国家であるアメリカは何をもって「自己」とするのかを模索することになる。そのような中で1956年に、「我々が信じる神のもとに」（In God We Trust）を国の公式なモットーとして採用し、全国民に行き渡るようにその言葉を1ドル札や硬貨に印字した。こうして、「神の国アメリカ」という自己イメージはいっそう強固なものとされていったのである。

138　Doherty, *Hollywood's Censor: Joseph I. Breen and the Production Code Administration*, 325; Raymond J. Haberski, *Freedom to Offend: How New York Remade Movie Culture* (The University Press of Kentucky, 2007), 62-63.

139　Doherty, *Hollywood's Censor: Joseph I. Breen and the Production Code Administration*, 326.

第3章 「神の国アメリカ」とエリア・カザン

　ギャラップ調査によると、ユダヤ・キリスト教徒の数は第二次世界大戦後の冷戦時代にピークに達し、「我々が信じる神のもとに」が国のモットーとなった1956年には、プロテスタント信徒が71パーセント、カトリック信徒が25パーセント、そしてユダヤ教徒が3パーセントと、実にユダヤ・キリスト教徒を合計すると99パーセントにも達している。[140]
　しかしながら、このような状況下で厳しい立場に立たされたのが、映画産業に携わっていた移民たちであった。彼／彼女らは非米活動調査委員会の召喚を受けて、共産主義の疑いのある者の名前を提供するという「踏み絵」を踏まされたのである。そして、共産主義の疑いがある同労者の名前を挙げるか挙げないかで「友好的」（アメリカ人）か「非友好的」（非アメリカ人）かに分類された。これは、移民としてアメリカにやって来た者が、「我々が信じる神のもとに」アメリカ人としてひとつの国を構成するメンバーになれるかどうか、というテストだったのである。
　本章では、ハリウッドで「赤狩り」が行われた時代、最も厳しい立場に立たされた者のひとりであるエリア・カザンを通して、1950年代のハリウッドとキリスト教、そして政治との関わりを概括した。カザンを筆頭に、映画産業に携わる移民たちにとって、この時期にキリスト教的なテーマを扱うことは、自分たちが「神のもとにひとつになれるアメリカ人」であることを示す格好の機会だったのである。しかも、この時期にキリスト教や聖書を隠れ蓑にすることで、より刺激的な内容を持った映画を作ることも可能であった。この潮流に乗るかたちでカザンも『波止場』や『エデンの東』などを監督し、「赤狩り」で汚名を着せられても、なお映画監督として第一級であることを証明したのである。
　一時はキリスト教的価値観をうまく利用した映画製作を行ったカザン

140　ギャラップ調査のウェブサイト参照。http://www.gallup.com/poll/1690/Religion.aspx（アクセス日：2012年3月29日）

であったが、PCAのジョセフ・ブリーンが引退し、マッカーシーの失脚で「赤狩り」が沈静化すると、一転して『ベビィドール』という、誘惑とセクシャリティーをその中心テーマとした刺激的な内容の映画でプロダクション・コードに挑戦する。かつて検閲が厳格に適用されていた時代には、製作自体が不可能に思われる内容でありながらも、新しい体制のもとでは、ハリウッドの品質を保証するPCAからの承認印がこの映画には与えられたのである。このことを契機として、長年続いたカトリック教会とPCAとの蜜月関係にかげりが見え始め、結果としてこの映画がプロダクション・コード廃止の遠因となった。アメリカで最もユダヤ・キリスト教人口が増加した時期に、「赤狩り」の煽りでハリウッドではアウトサイダー扱いを受けることになったカザンは、表現の自由を求めてプロダクション・コードに代表されるキリスト教的価値観からの脱却を図る先駆者となったのである。

　一方のハリウッドは、「赤狩り」によって優れた人材を多く失ってしまい、結果として1960年代には弱体化し、検閲も廃止せざるを得ない状況に追い込まれていくのである。

第4章 「古き良き時代」の終焉
(1960–70年代)

序

　プロダクション・コードを映画界の十戒に見立てて厳しく検閲を行ってきたPCA（映画製作倫理規定管理局）のジョセフ・ブリーンが1955年にその職を辞した後のアメリカ映画界では、PCAの承認印はあまり意味をなさなくなっていく。時を同じくして、教会の映画界に及ぼす影響力も弱まったことにより、1960年代以降の映画は再び自由を謳歌するようになった。

　また、1960-70年代は公民権運動を契機として、同性愛者の権利主張やフェミニズム運動が盛んになった。また、連邦最高裁判所の公立学校での祈禱（1962年）や聖書朗読（63年）の違憲判決、人工妊娠中絶を女性の権利とする判決（73年）が出されるなど、アメリカ社会は徐々にリベラル化していく。ハリウッドの映画界もまた、このようなアメリカ社会の変化と伴走するようにリベラル化が進み、プロダクション・コードの下ではタブー視されてきたテーマが次々と扱われるようになるのである。

　本章では、1960-70年代におけるリベラル化がアメリカのキリスト教にどのようなインパクトを与え、それが同時期にハリウッドで製作された映画にどのような影響を与えたのかという点について考察を行いたい。

第1節　検閲の廃止

1-1　ロッセリーニの『奇蹟』

　1960年代になるとプロダクション・コードの強制力は急速に衰えるが、それは突如として起こったことではなく、それ以前から予兆はあった。第二次世界大戦後のハリウッドは、45年にMPPDAからウィル・ヘイズが引退し、48年には大手映画会社のスタジオ・システムに対して独占禁止法の違憲判決が下されるという、ふたつの大きなダメージを受けた。この「合衆国対パラマウント」裁判に負けたことにより、ハリウッドの映画界はブロック・ブッキング[141]の禁止とスタジオ・システムの解体を余儀なくされたのである。

　また、第二次世界大戦後にはアメリカに外国映画（特にイタリア映画）が多数流入するようになる。これらの映画は脚本や製作段階からPCAが監視することができないものであり、結果的にプロダクション・コードの規定に沿って製作されていないものがアメリカで上映されることになったである。アメリカで上映された外国映画の中で、ロベルト・ロッセリーニの『無防備都市』(Roma, città aperta, 1945年) やヴィットリオ・デ・シーカの『自転車泥棒』(Ladri di biciclette, 1948年) などの映画はアメリカ国内で様々な批判を受けたが、何よりも論争を巻き起こしたのはロッセリーニの『奇蹟』(Il Miracolo, 1948年) であった。この映画は、プロダクション・コード第8条、つまり宗教に対する冒瀆に抵触していたのである。

141　映画会社から映画館に複数の映画をセットで売りつけることを強制するシステムのこと。あまり出来の良くない映画も他の作品とセットで配給できることから、映画会社には都合の良いシステムであった。

第4章 「古き良き時代」の終焉

　この映画の大まかなプロットは次の通りである。イタリアの農村に住む無垢な娘がある日、見知らぬ旅人と出会い、彼のことを聖ヨセフだと信じ込む。何も話さない旅人は娘にワインを飲ませ、彼女はやがて酔って眠り込んでしまう。数週間後に娘は妊娠していることに気づき、村の人たちに自分が神の聖霊によって妊娠したと告げるが、彼女は人々から嘲笑され、そのことによって村から追放されてしまう。やがて臨月になった娘は村落をさまよい、最後には廃墟となった教会で出産するのである。
　この映画に対する各機関の反応は以下のようなものであった。

○ PCA……承認印なし
○ ニューヨーク州検閲委員会……上映許可
○ カトリック矯風団……公開11日後にC（視聴禁止）評価
○ MPAA……ノーコメント

　1950年に『奇蹟』を配給したジョセフ・バースティンは、それ以前から外国映画を専門に配給しており、PCAのブリーンとはすでに、『自転車泥棒』が承認されなかったことで衝突していた。さらに、PCAが『奇蹟』に承認を出さなかったもうひとつ理由が、『奇蹟』を監督したロッセリーニの私生活に関わるものである。ロッセリーニは、ハリウッドのファースト・レディーと呼ばれたイングリット・バーグマンと、双方が家庭を持ちながら恋愛関係にあったのである。
　1949年に起きたこのスキャンダルはアメリカ中の関心を集め、カトリック教会と映画界に大きな衝撃を与えた。バーグマンは『カサブランカ』や『ジャンヌ・ダルク』（Joan of Arc, 1948年）、そして多くのアルフレッド・ヒッチコックの映画に出演して当時絶大な人気があった。しかし、『無防備都市』を観てロッセリーニの映画に出演することを熱望し、その作品に出演するため夫と娘を置いてイタリアへ行ったまま家族のもとに戻らな

かったのである。以前から「良き妻、良き母」とバーグマンのことを賞賛していたPCAのブリーンはこの事件に衝撃を受け、イタリアにいるバーグマンに、これまでのキャリアが台無しになることを危惧した私信を送っている[142]。結局バーグマンは、アメリカにいる夫との離婚も成立しないまま、1950年2月にはロッセリーニとの間にできた子どもをローマで出産し、事態は修復不可能な状態になった[143]。プロダクション・コードによって数々の映画の内容を検閲して再編集することができたブリーンも、スターの私生活まで操作することはできなかったのである。

そこでブリーンがとった行動は、家庭に戻らなかったバーグマンに対する制裁として、ロッセリーニとバーグマンの名前が入った作品にはPCAの承認印を今後一切出さないというものであった[144]。したがって、スキャンダル後に輸入された『奇蹟』にもPCAの承認印が与えられないことは明白であったため、バースティンもあえて承認を申請せず、この映画のメジャーな劇場での公開は適わなかったのである[145]。

1-2 「ミラクル判決」によるカトリックとプロテスタントの関係悪化

『奇蹟』はPCAに承認されなかったが、ニューヨーク州検閲委員会が公開を許可し、ニューヨークのパリ劇場で1950年12月12日に公開される。すでにヴァチカンの新聞 *L'Osservatore Romano* でロッセリーニとバー

142　Doherty, *Hollywood's Censor: Joseph I. Breen and the Production Code Administration*, 288.

143　"Ingrid Bergman Has A Baby," *Life*, vol. 28, no. 7 (Feb 13, 1950). 42.

144　Johnson, *Miracles & Sacrilege: Roberto Rossellini, the Church and Film Censorship in Hollywood*, 296.

145　Doherty, *Hollywood's Censor: Joseph I. Breen and the Production Code Administration*, 302.

グマンの関係が背信的であると批判されていたこともあり、カトリック教会はこの映画の上映に激しく抗議した。カトリック矯風団は公開から11日後にC評価を下し、カトリック信徒がこの映画を観ることは「大罪」(Mortal Sin、つまり死に値する罪）であるとした。ニューヨークの大司教スペルマン枢機卿の呼びかけに応えてカトリック信徒たちは抗議運動を展開した。「この映画はすべての正しい女性と母への侮辱」、「この劇場は悪の巣窟」などと書かれたプラカードを掲げる人々で劇場の前は占拠されたのである。

　第3章で紹介したエリア・カザンの『ベビィドール』と同じく、『奇蹟』が公開された時期がクリスマス前であったことも、スペルマン枢機卿を怒らせる要因のひとつであった。さらにスペルマン枢機卿は、カトリック信徒であるニューヨーク市の特許委員にかけ合い、州立の検閲機関が許可した上映を市のレベルで中止させたのである。[146]

　市から上映許可を剥奪されたため、1951年にバースティンは、市より上位のニューヨーク州の教育委員会（代表者はルイス・L・ウィルソン）を相手取って訴訟を起こす。この裁判は後に連邦最高裁判所にまで上げられ、翌52年3月に出された判決は、「ニューヨーク州の教育法が特定の商業映画を『（キリスト教的価値観で）冒瀆的』であるとの理由で上映を禁止するのは、アメリカ合衆国憲法修正第1条に対する違憲」というものであった。つまり、映画の検閲を州が行うことは、修正第1条で明記されている「信教の自由」と「言論の自由」に抵触すると判断されたのである。

　1915年にオハイオ州で起きたミューチュアル映画社対オハイオ州産業委

146　Black, *The Catholic Crusade Against the Movies, 1940-1975*, 95; Ellen Draper, "Controversy Has Probably Destroyed Forever the Context: The Miracle and Movie Censorship in America in the 1950s," in *Controlling Hollywood: Censorship and Regulation in the Studio Era*, ed. Matthew Bernstein (Rutgers University Press, 1999), 186.

員会裁判で、「映画の上映はあくまで商売であり、利益を求めるものである」という判決が出されて以来、「映画は芸術ではなく、法律によって保護される対象ではない」(つまり、検閲もやむを得ない) という理解が一般的であった。しかし、52年に起きたこのジョセフ・バースティン社対ウィルソン裁判の判決により、映画は初めて保護されるべき「芸術」という地位を得るのである[147]。この判決は世間を驚かせ、映画のタイトルを取って「ミラクル判決」(Miracle Decision) と呼ばれるようになった。

これまで何度かキリスト教団体によるハリウッドへの抗議運動は行われてきたが、『奇蹟』へのそれが以前のものと違っていたのは、この映画に激しく反対したのがカトリック教会のみだったという点である。プロテスタントの牧師たちは、プロダクション・コードの施行以後、ハリウッド映画に登場する聖職者のほとんどがカトリックの司祭であることに気づいていた上に、スペルマン枢機卿が「カトリックこそアメリカの倫理基準」と豪語することを快く思っていなかったのである。ニューヨーク州の教育委員会には、プロテスタントの牧師30人から「カトリック教会には、彼らの価値観を州の基準として押しつける権利はない」という抗議の声が寄せられている[148]。また、裁判が行われた年の *New York Times* には、ブルックリンに住むプロテスタントの牧師による次のような投書が掲載された。

> リベラル派のプロテスタントの牧師として、(スペルマン枢機卿が発表した)公式声明の中でカトリックがアメリカの「倫理基準の守護者」であると見立てていることに不快感を覚えています。さらに不快に思うことは、枢

---

147 Laura Wittern-Keller, *Freedom of the Screen: Legal Challenges to State Film Censorship, 1915–1981* (University Press of Kentucky, 2008), 145–146.

148 Johnson, *Miracles & Sacrilege: Roberto Rossellini, the Church and Film Censorship in Hollywood*, 296–297.

機卿がカトリック教会に協力して『奇蹟』の上映に抵抗しない人は誰でも「俗悪な」人間だとほのめかしている点なのです。[149]

さらに、1953年にルター派の教会によって製作されたマルティン・ルターの映画がカトリック教会から酷評されたことも加わり、この頃にはすでに対ハリウッド闘争においてカトリックとプロテスタントの協力関係にはひびが入っていたのである。

1-3 プロダクション・コードの廃止

バースティン社対ウィルソン裁判によって関係が変化したのはカトリックとプロテスタントだけではなかった。1934年以来、足並みが揃っていたMPAAとPCAの関係にも、この裁判で変化が生じる。PCAのブリーンがバースティンの勝利に落胆したのに対して、MPAAのエリック・ジョンストン会長はこの判決を大きく評価し、「検閲から映画を解き放つ大きな一歩」として好意的に受け入れたのである。[150]

PCAが映画のコンテンツや倫理基準に対応する機関であるのに対し、MPAAは映画業界全般の取締役として行政や産業界との交渉を行う機関であったため、その関心は映画の内容よりも業界の商業的成功のほうに重きが置かれていた。つまり、映画が芸術として保護され、州政府から検閲を受ける対象から外れることで、「商品」としての映画のバリエーションが増えることは、業界の利益になると考えたのである。

こうして「ミラクル判決」によって映画への見解が大きく方向転換した後には、なし崩し的にプロダクション・コードも意味を持たなくなっていく。

149　*New York Times* (January 15, 1951). 23.

150　Doherty, *Hollywood's Censor: Joseph I. Breen and the Production Code Administration*, 303.

まず、映画を切り刻むことに疲れ果てたブリーンが1955年にPCAから引退すると、翌年にはジョンストンの先導によってプロダクション・コードに大きな改訂が加えられる。オットー・プレミンジャーの『月は碧い』(The Moon is Blue, 1953年）がPCAの承認なしに公開されて成功を収めると、さらにエリア・カザンの『ベビィドール』(1956年）やビリー・ワイルダーの『お熱いのがお好き』(Some Like It Hot, 1959年）など、ブリーンが活躍した時代ならおそらく承認されなかったであろう刺激的な内容を扱う映画もPCAから承認されるようになり、もはや「自主検閲」は意味をなさなくなっていったのである。[151]

　スタジオ・システムの崩壊後、ハリウッドは反共産主義の潮流に乗って「神の国アメリカ」のイメージを売ることで延命してきたが、外国映画の流入、テレビの普及という外敵に苦戦を強いられていた。しかも、「赤狩り」のために業界内で内部抗争を続けていたことから、すでに多くの有能な映画人も失っていた。そこでハリウッドがとった行動は、大恐慌時代と同様に「セックスとバイオレンスは売れる」という基本に戻ることであった。1966年にジョンストンの後任としてMPAAの会長に就任したジャック・ヴァレンティは、時代遅れになったプロダクション・コードを68年に廃止し、新しく以下のようなレイティング・システムを採用する。

G（general audiences）……一般向け
M（mature audiences）[152]……大人向け（保護者の裁量に任せられる）

　151　どちらの作品にもカトリックはC評価を出し、PCAが承認印を出したことを快く思わなかった。

　152　身体的に成長した観客を意味する。したがって、必ずしも「成人」を意味するわけではなく、ティーンエイジャーも含まれたのである。このMは1972年にPG（Parental Guidance Suggested）に変更される。

R（restricted）……保護者の同伴のない16歳以下の視聴禁止
X（adults only）……18歳以下の視聴禁止
1970年には17歳以下に変更（NC-17）

レイティング・システムに移行したことによってPCAの役割は終わり、MPAAの承認印はXレイト以外の映画すべてに与えられることになったのである。

第2節 「伝統的価値観」の喪失

2-1 1960-70年代における社会状況の変化

　1960-70年代は、建国以来アメリカで圧倒的優位者であった白人エリート層の伝統的価値観が次々と覆されていった時代である。1955年のアラバマ州モンゴメリーで起きたバス・ボイコット事件を発端に反人種差別運動が展開され、64年には公民権法が制定される。また、公民権運動や反ベトナム戦争運動に続き、女性やセクシャル・マイノリティーの解放運動が起こる。一方、60年の大統領選では、共和党のリチャード・ニクソンを破り、民主党のジョン・F・ケネディがアメリカ合衆国史上最年少の43歳で、さらに初めてのカトリック信徒の大統領として選ばれる。そして62年と63年には、公立学校での祈禱および聖書朗読を違憲とする判決が連邦最高裁判所から出されるのである。

　この公立学校での祈禱や聖書朗読がアメリカ合衆国憲法修正第1条の「信教の自由」を侵害しているか否かについての裁判は、同じ時期に様々な州で争われていた。そのうちの何件かを起こしたのは、アメリカ無神論者協会（American Atheists）の設立者で、「アメリカで最も嫌われた女性」と言われたマダリン・マレー・オヘアである。おりしも1965年には、ヨー

MPAA局長	教派	政治観	在任期間
ウィル・ヘイズ	長老派	共和党	1930–1945年
エリック・ジョンストン	聖公会	共和党	1945–1964年
ジャック・ヴァレンティ	カトリック	民主党	1966–2004年

(図17) MPAA（旧MPPDA）会長の宗教観と政治観

ロッパ系人種以外の移民もアメリカに入国しやすくなるよう移民法が改正され、それによってアジア系やラテン系の移民が大幅に増えている。こうした一連の出来事により、これまで守られてきた白人エリート層優位の立場が次第に切り崩されていったのである。

　上記のような社会状況の変化や、カトリックが大幅な刷新を行った第2ヴァチカン公会議（1962-65年）の影響もあり、ハリウッドのリベラル化も進むことになる。これまでMPAAの会長は共和党寄りのプロテスタント信徒で保守派の人物が選ばれてきたが、ケネディから後任のリンドン・B・ジョンソン大統領まで民主党の勢力がアメリカ社会で強まったため、MPAAもジョンストン退任後、初の民主党寄りであるジャック・ヴァレンティを会長に迎えることになる（図17）。ヴァレンティは、ケネディ暗殺後、ジョンソン副大統領が急遽エア・フォース・ワンの中で大統領就任の宣誓を行った際にも同乗しているほど、大統領に近い存在であった。また、ヴァレンティがカトリック信徒であったこともあり、幾多の抗議活動をハリウッドに対して行ってきたカトリック教会への配慮もできるという点から、MPAAの会長としてはまさに適任だったのである。

2-2　反キリストの家庭進出──ヒッチコックの『サイコ』

　すでにプロダクション・コードがほとんど意味をなさなくなっていた頃の映画界で、新しい時代の幕開けを象徴する作品となったのがヒッチコックの『サイコ』(Psycho, 1960年) である。『サイコ』は、これまでハリウッ

第4章 「古き良き時代」の終焉

ド映画が守ってきた慣習を破り、従来の映画に慣れ親しんできた観客の予想をはるかに裏切る作品であった。

　町の不動産会社に勤めるマリオン（ジャネット・リー）が恋人と結婚するため、その資金を会社から横領するところから物語は始まる。マリオンは逃亡の末に、寂れた町のモーテルに宿を求める。そこの経営者であるノーマン・ベイツは、モーテルの隣に建つ家に母親とふたりで暮らしており、久々に訪れた客を歓迎する。しかしその晩、シャワーを浴びていたマリオンは、ナイフを持った何者かに襲われ、刺殺されてしまうのである。そして、部屋を訪れたノーマンが、風呂場で死んでいるマリオンを発見し、彼女の死体を車ごと沼地に沈めるまでが『サイコ』の前半部である。後半は、妹とマリオンの恋人が彼女を捜しにモーテルを訪れる展開となる。ふたりはノーマンが怪しいと考え、彼の母親に会おうとして家に忍び込む。すると、地下室でミイラになっているノーマンの母親を発見し、さらにそこに母親の服を着て女装したノーマンがナイフを持って現れる。ノーマンは母親への強い執着心から、独占するために母親を殺害した後、自分の中で母親と同化していたのである。そして、マリオンを殺したのは、母親の人格としてのノーマンであった、というストーリーである。

　この映画では、主人公と思われたマリオンが物語の比較的早い段階で殺されてしまい、その後、再び登場することがない点にそもそも驚かされるが、何よりも同時代の観客たちを驚かせたことは、母親の服を着て襲ってくるノーマンの姿である。この意外な犯人像が明らかになった時、観客は、マリオンがシャワーの下で絶叫する顔の意味を理解するのである。もの静かでごく普通の青年が、女性の服を着て殺人者に変貌するという設定は、これまでの映画の常識を覆すものであった。

　ハリウッド映画は、大恐慌時代に人々が求めた数少ない現実逃避の場としての役割を終え、1960年代以降は現実世界を反映するものに変化していったのである。『サイコ』は、アメリカが匿名性を尊重する社会になり、

誰に見られているのか分からない不安と、ノーマンのような一見普通そうな男性でも、心理状態の異変で殺人者にもなり得るという、もはや誰も無事とは言えない社会を迎えたことを象徴的に描いている。社会的優位層にとってのユートピアが崩壊した後、誰もが殺人者にも、無差別な暴力の対象にもなり得ることを『サイコ』は示唆するのである。

　アメリカは第二次世界大戦中、連合国に対立する国、そしてその後は共産主義国を「神の国アメリカ」の敵、あるいは「反キリスト」として捉えていた。しかし、1960年代に入って様々な価値観が根底から覆されていく中で、もはや「反キリスト」は外敵ではなくなったことを示す映画が『サイコ』以外にも次々と登場してくる。それらを代表しているのが『ローズマリーの赤ちゃん』(Rosemary's Baby, 1968年) や『エクソシスト』(The Exorcist, 1973年)、『オーメン』(The Omen, 1976年) などのホラー映画である。これらの映画は、最も身近にいて愛すべき存在である我が子が悪魔の子（反キリスト）であり、単に恐ろしい外見をした怪物が恐れるべき存在なのではなく、何が本当に恐ろしいことなのかを問いかける。『サイコ』が、平凡な人も殺人鬼になる可能性を示したのに対し、『ローズマリーの赤ちゃん』をはじめとするこれらのホラー映画では、悪魔という「反キリスト」が日常の家庭の中にまで入り込んできており、もはや家庭内も安全ではないことを暗示させている。

　『ローズマリーの赤ちゃん』は、主人公ローズマリーが夫とニューヨークの新しいアパートに引っ越してくるところから始まる。初めは親切そうに見えた隣人たちが実は悪魔崇拝者であり、ある晩、ローズマリーに薬を飲ませて悪魔の子を妊娠させるのである。夫も悪魔崇拝者たちに加担しており、頼る親もいないローズマリーは孤立し、無力感に打ちのめされる。病院の待合室で手にした *Time* 誌の表紙には「神は死んだのか」と大きく書かれてあり、ローズマリーは神にすら拠り頼むことができないことを知るのである（図18）。最後には、「神は死んだ！　悪魔万歳！　新しい時

第4章 「古き良き時代」の終焉

代が訪れた！」と歓喜する悪魔崇拝者たちに囲まれながら、ローズマリーは、生まれた子どもがたとえ悪魔の子であっても受け入れることを決意して、この映画は終わるのである。

(図18)『ローズマリーの赤ちゃん』

この映画では、ローズマリーを撮影するカメラは終始、妊娠して大きなお腹を抱えながら何もできない無力なローズマリーを捉えているが、観客はローズマリーに同調して恐怖を感じる以上に、この映画の深層心理に働く本当の怖さはまた別のところにあることを突きつけられる。それは、（主に白人男性によって）これまで守られてきた伝統的価値観がことごとく覆されていることの恐怖である。加えて、この映画で最も恐怖を感じるべき立場にあるのは、悪魔の子を妊娠したローズマリーではなく、彼女の夫である。彼は、神が不在の大都市という匿名社会に住み、無職で、妻が宿しているのは自分の子ではなく悪魔の子であるという深い恐れを抱く。また、従順な妻がある日突然「流行だから」と髪を少年のように短く切るが、それは「人生最大の間違いだ」と妻を非難する時、彼の動揺が露呈する。『ローズマリーの赤ちゃん』は、当時大きな変革の過程にあったアメリカ社会で、白人男性の社会的地位や権力が弱体化していることに加えて、男性の「男らしさ」すら脅かされることの恐怖を描いた映画であると言える。[153]

---

153 Philip C. DiMare, *Movies in American History: An Encyclopedia*, vol. 3 (ABC-CLIO, 2011), 418–419.

2–3　ハーヴィー・コックスの世俗化論

『ローズマリーの赤ちゃん』でローズマリーが病院の待合室で手に取る「神は死んだのか」という表紙の *Time* 誌は、実際に1966年4月8日に発行されたものである。この号では、社会が変動して伝統的価値観が失われていく中で、神の立ち位置はどこにあるのかについて、当時活躍していた様々な神学者の見解が紹介されるかたちで特集記事が組まれている。

特に興味深いのは、プリンストン大学の神学者ポール・ラムゼイが、「神が死んだという前提で文化を形成していくのは、歴史上初めて我々が試みることである」と述べている点である。そして、記者はラムゼイの言葉を受けて、近年の文化形態によって示されるアンチ・ヒーローは、神を待つことは無意味だと暗示し続けており、また、資本主義や啓蒙主義によって教会の権威が失墜していることを指摘している[154]。

この *Time* 誌の記事は、前年に出版されたハーバード大学の神学者ハーヴィー・コックスの『世俗都市——神学的観点における世俗化と都市化』の影響も多分に受けている。その本では、社会からユダヤ・キリスト教的価値観が薄れていく現象への漠然とした不安が報告されている。コックスは、この時代に起きた社会変革の顕著な特徴は「都市文明の勃興と伝統的な宗教の崩壊」の2点だと指摘し、相互に作用しながら現出してきたこれらの現象を「都市化」と「世俗化」と呼んだ。彼の定義によると、都市化とは、「宗教的世界観が崩壊した後の瓦礫の中から生じた科学技術の進歩」によってのみ可能となった現代的様式であり、これまでの人々が共生してきた様式に大規模な変化をもたらしたと指摘している。また、都市化と同様に新時代的な傾向である世俗化は、「都市生活における国際規模で起きた様々な対立によって、人々がこれまで疑う余地がないと思っていた神話や伝統の相対性が露呈された時に生じたもの」であり、これまで人々

154　"Is God Dead?," *Time* (April 8, 1966).

第4章 「古き良き時代」の終焉

が共生する上で持っていた理解や見方に変革をもたらしたと述べている。さらにコックスは、世俗化した社会を次のように説明する。

> もしギリシャの人々がコスモス（全世界、宇宙）をポリス（都市）の拡張された形態であると見なし、また、中世の人々が無限性を封土の範囲の拡大であると見なすならば、我々は万物を包括する全体の世界を「人の街」として認識することが可能なのである。神々によって放棄された「人の街」とは、人間が開発し、努力することが求められる領域なのである。……（中略）……その過程のことを世俗化と定義する。……（中略）……それは宗教的、あるいは準宗教的な理解による世界を失い、あらゆる閉じられた世界観を払拭し、すべての超自然的な神話と神聖な象徴を破壊することを意味している。さらに言うと、人間は自分たちの手に世界が託されたことによって、もはや失敗を誰のせいにもできないことを知らされるのである。世俗化とは、人がこの世界または「現在の時」（saeculum）から、高次にある世界、あるいはこれから訪れる世界に対して目を背けることである。[155]

つまり世俗化とは、これまで当たり前のように享受されてきた宗教的価値観によって支配された世界から、宗教性が抜け落ちていってしまうことを意味している。コックスはさらに、この世俗化によって教会からも宗教性が減少する傾向にあると指摘する。この現象については、すでに1944年にドイツの神学者ディートリッヒ・ボンヘッファーが友人のエバハルト・ベートゲに宛てた手紙の中で、「非宗教的キリスト教」という用語でたびたび論じている。教会から宗教性が失われていくことにより、これまで教会が社会に有していた権力をも失うことに繋がったのである。

---

155 Harvey Cox, *The Secular City: Secularization and Urbanization in Theological Perspective* (Macmillan, 1965), 1-2.

第3節　映画に再び現れたイエスとジーザス・ムーブメント

3-1　リベラル化が進んだ社会における保守的イエス像

　世俗化が進む社会変革の潮流にうまく乗り切れなかったのが、ハリウッドの宗教映画のジャンルであった。セシル・B・デミルによって監督された1927年の『キング・オブ・キングス』（The King of Kings）から61年のニコラス・レイによるほぼ同じタイトルの『キング・オブ・キングス』（King of Kings）までの34年間、イエスを主役にした映画は製作されなかったが、[156] これは先に述べたプロダクション・コードの問題と、1920年代から50年代にかけてイエスや聖書に基づく映画を次々と発表し、圧倒的な名声を得ていたセシル・B・デミルの存在によるところが大きい。1955年、厳しく検閲を行っていたPCAからジョセフ・ブリーンが引退したことで、プロダクション・コードの持つ強制力も緩和され、続いて59年には聖書的娯楽大作映画の権威であったデミルが亡くなったことにより、イエスの映画を製作することが容易になったのである。[157] しかし、デミルの死と共に、聖書を題材にした娯楽大作も斜陽の時代を迎える。

　1961年の『キング・オブ・キングス』は、イエスを演じたジェフリー・ハンターが撮影当時33歳であったにもかかわらず、あまりにも若く見えたために、「私は10代のイエス」（I was a teenage Jesus）と雑誌に揶揄されて書かれた上に、映画そのものも、カトリック矯風団から「神学的にも、歴史的にも、聖書的にも正確さに欠けている」と強い反発を受けたため、興

156　両作品のタイトルの違いは、theがついているかいないのか、という点のみである。

157　Tatum, *Jesus at the Movies: A Guide to the First Hundred Years*, 77.

行的には失敗に終わっている[158]。青い目でブロンドの髪をなびかせたジェフリー・ハンターが演じたイエスは、あまりにも映画スター然としており、当時広く流布していたイエス・キリストのイメージと合致していなかったことも失敗の要因であった。

アメリカで最も知られているイエスのイメージは、敬虔なキリスト教徒であった広告製作者のワーナー・サルマンが1940年に描いた「キリストの顔」である。この絵はあらゆる製品として5億枚も複製され、冷戦時代には反共産主義のシンボルとして、イエスを「国民的象徴」に押し上げることに貢献した[159]。このサルマンの描いたイエスは、意志の強さを感じさせ、いくぶん「男性的」でもあり、ジェフリー・ハンターが演じて揶揄されたようなナイーブな「10代のイエス」とはやはり違うイメージである。

この失敗を踏まえ、ジョージ・スティーブンスが監督した1965年の『偉大な生涯の物語』（The Greatest Story Ever Told, 1965年）では、主役のイエスに、サルマンのイエス像を想起させる、当時ほぼ無名であったスウェーデン人俳優マックス・フォン・シドウが起用されている。長身で白いローブを身にまとったかつての伝統的なイエス像が甦り、明確に「救世主」として神の子イエスが描かれている[160]。

しかし、イエス役のシドウが評価されたにもかかわらず、時代は公民権運動とベトナム戦争のただ中にあり、社会変革の時代の風潮がイエス映画を要請していなかったため、この映画も興行的には失敗している。そしてこの映画以降、大手のハリウッド・スタジオがイエスの映画を製作することはなくなってしまったのである。

158　Reinhartz, *Jesus of Hollywood*, 16; Tatum, *Jesus at the Movies: A Guide to the First Hundred Years*, 84-87.

159　Prothero, *American Jesus: How the Son of God Became a National Icon*, 117.

160　Ibid., 83, 94.

3-2　非宗教的キリスト教とジーザス・ムーブメント

『偉大な生涯の物語』が公開された翌1966年、ビートルズのジョン・レノンが「ビートルズはイエスよりも人気がある」という有名な発言をする。

> キリスト教はいずれ衰退するだろう。姿を消すか小さくなっていくはずだ。このことについてあえて議論する余地もないし、私が正しいことはそのうち証明されるはずだ。ビートルズは今となってはイエスよりも人気がある。とは言え、キリスト教とロックン・ロールのどちらが先に衰退するかは分からないけれどね。イエス自身はまあ良いとしても、彼の弟子たちは頭が悪くて平凡だった。[161]

　ある意味、レノンが予見したことは正しくもあり、誤りでもあった。確かに礼拝出席者数は、アメリカでも、当時レノンが住んでいたイギリスでも減少傾向にあったが、逆にイエスに対する人気は1970年頃を境に、教会という組織から離れ、若者たちを中心に大きく上昇していく。つまり、人々は組織としての教会よりも、ひとりの人間としてのイエスに惹かれていったのである。キリスト教世界の世俗化が進む中で、「神の子イエス」よりも「ナザレのイエス」の人気が高まっていく。

　ヒッピーやカウンター・カルチャーの担い手たちは、髪とひげを伸ばし、体制を批判して「ラブ＆ピース」を説く自分たちの姿の原点が「ナザレのイエス」にあると理解し、その中で「ジーザス・ムーブメント」と呼ばれる大規模な社会現象が起きる。1966年に「神は死んだのか」というセンセーショナルな問いを表紙に載せた *Time* 紙は、71年には、サイケデリックなデザインのイエスのイラストの上に「イエス革命」という題字を表紙

---

[161]　*New York Times* (Aug 11, 1966).

第4章 「古き良き時代」の終焉

に掲載している（図19）。この号の特集記事は、「新しい反逆者たちの叫び──『イエスが来る！』」というタイトルで、当時若者たちの間で広く流布していたイエスのポスターが紹介されている（図20）。

1960年代後半からサンフランシスコのヘイト・アシュベリーを中心に活動していたヒッピーの間でイエスに立ち返る運動が起こり、これまで社会の倫理規範を担ってきたキリスト教という宗教組織におけるモラルの象徴であった「神の子イエス」が、むしろ「ナザレのイエス」というひとりの人間として若者たちの間で大衆的なアイコンになったのである。

（図19）*Time* (June 21, 1971).© Time Inc.

指名手配中　イエス・キリスト
別名：救世主、神の子、王の王、主の主、平和の君
○悪名高い地下解放運動の指導者
○以下のような容疑で指名手配中
　─無免許での治療行為、ワイン製造、食料の分配
　─宗教施設でのビジネスマンに対する妨害行為
　─犯罪者、過激派、破壊分子、売春婦、路上生活者などとの交際
　─人々を神の子にすることができる権威があると主張
外見：典型的なヒッピー（長髪、ひげ、長い衣服、サンダル）
○貧民街をうろつき、富裕層の友人はほとんどいない。隠れてよく砂漠へ逃れている。
注意：この男は非常に危険である。特に、彼を無視するようにまだ教育されていない若者には、彼の説く狡猾で扇動的なメッセージは危険である。この男は人を変貌させ、自由にすると公言している。
警告：この男はまだ捕らえられていない！

（図20）*HFP*, Vol.1 No.1 (October 7, 1969).©The Hollywood Free Paper

119

ハーヴィー・コックスの世俗化論に従えば、宗教組織の頂点に立つ「神の子イエス」から宗教性が薄まり、イエスは組織化された教会内での「神の子」よりも、「ナザレのイエス」というひとりの人間として人々に受け入れられるようになったのである。また、ボンヘッファーの非宗教的キリスト教という側面から見ると、イエスは非宗教的キリスト（救い主）として、より広範囲な人々のための救い主になり得る存在になったのである。

　この頃には、ブランド化したイエスの姿を描いたステッカーや缶バッジ、Tシャツなども多く販売され、イエスについて歌ったフォークやロック調の曲も作られるようになった。また、この時代には、薬物によって意識を失った者がイエスの幻覚を見てクリスチャンになったという話も、ヒッピーのたむろするカフェでは珍しい話ではなかったのである。[162] 1960年代後半に起こったこの風潮は、やがてさざ波のようにアメリカ中へ広まり、若者を中心にジーザス・ムーブメントへと発展していくのである。

　この現象が全国展開したことを証明するように、この頃、メジャーなアーティストが次々とイエスについての歌を発表したことは特筆に値する。サイモン＆ガーファンクルのポール・サイモンは1964年、前年に起きたケネディ大統領暗殺事件のショックと、神が沈黙する世の中について書いた「サウンド・オブ・サイレンス」（The Sound of Silence、静けさの音）の最後で、「『預言者の言葉は地下鉄の壁や安アパートの廊下に書かれている』と静けさの中で囁く声が聞こえた」と歌っている。つまり、民衆や貧しい人たちの中でこそ神の言葉が聞こえる、ということをこの歌詞で示そうと

162　David W. Stowe, *No Sympathy for the Devil: Christian Pop Music and the Transformation of American Evangelicalism* (University of North Carolina Press, 2011), 22.

第4章 「古き良き時代」の終焉

しているのである。映画『卒業』(The Graduate, 1967年) のために作られ、68年に発表された「ミセス・ロビンソン」(Mrs. Robinson) では、「あなたが知っている以上にイエスはあなたのことを愛している。ミセス・ロビンソン、どうか神の恵みがあなたの上にありますように」と、より直接的にイエスや神について歌っている。

ボブ・ディランも1965年、「ライク・ア・ローリング・ストーン」(Like a Rolling Stone) で、石ころのように転がっていく、帰る家もない無名の者たちの悲哀と空しさを歌い、73年の「天国への扉」(Knockin' on Heaven's Door) では、死に臨んで天国の門を叩く者のことを歌っている。そして、70年代後半に受洗してボーン・アゲインのクリスチャンになったディランは、終末の到来が近いことを79年の曲「スロー・トレイン」(Slow Train) で歌うのである。

元ビートルズのジョージ・ハリソンが歌う「マイ・スウィート・ロード」(My Sweet Lord, 私の愛しい主、1970年) も当時大ヒットしている。ただ、この曲はヒンズー教の神について歌ったものであることがバック・コーラスの歌詞から判明するが、多くの者はキリスト教の神を「ハレルヤ」と讃えていると思い込んでいたようである。前述した *Time* 誌の「イエス革命」の記事でも次のように書かれている。

163　The Graduateの訳は、「卒業」というより「卒業生」のほうが訳としては相応しい。この映画は、当時、大学を卒業して社会に出ても空虚な生活を送るしかなかった若者たちの姿を描いている。

164　*New York Magazine* (Sep 24, 1979); Jeremy Roberts, *Bob Dylan: Voice of a Generation* (Twenty-First Century Books, 2005), 90.

165　Jonas E. Alexis, *Christianity's Dangerous Idea: How the Christian Principle & Spirit Offer the Best Explanation for Life & Why Other Alternatives Fail*, vol. 1 (AuthorHouse, 2010), 36; Stowe, *No Sympathy for the Devil: Christian Pop Music and the Transformation of American Evangelicalism*, 52-53.

1966年にビートルズのジョン・レノンが無頓着に「ビートルズはイエス・キリストよりもずっと人気がある」と語ったが、今となってはビートルズは解散してバラバラになり、そしてジョージ・ハリソンは「私の愛しい主」と歌っているのである。若いイエスの信奉者たちはハリソンの歌を好んで聴いている。しかし、実際に従っているのは、「二人または三人がわたしの名によって集まるところには、わたしもその中にいるのである」という主の言葉であろう。

　また、この頃に興ったジーザス・ムーブメントは、CCM（Contemporary Christian Music）という新しい音楽のジャンルを生み出している。前述したハリソンの「マイ・スウィート・ロード」の歌詞の中に見られる「主よ、あなたの姿が見たい。あなたと共にいさせてください。主よ、あなたのことが知りたい。あなたと一緒に歩ませてください。私の愛しい主、ハレルヤ」というような言い回しは、現代のCCMにも受け継がれている。

　やがてジーザス・ムーブメントは、ビリー・グラハムやビル・ブライトなどの大衆伝道者が行うリバイバル集会に吸収合併され、政治参加する宗教右派の萌芽となっていく。そして、キリスト教をめぐるこれらの大きな時代のうねりは、やがてハリウッド映画界をその渦に巻き込みながら展開していくのである。

3-3　ジーザス・ムーブメント下における新しいイエス像

　ジーザス・ムーブメントの影響を受け、映画におけるイエス表象も変化を遂げる。若者にとっての大衆的なアイコンとなったイエスは、もはや慈悲深い笑みをたたえた「神の子」ではなく、若者たちと同じ目線で愛や平等を説き、あたかも彼らの友人であり先輩のような、地に足がついたイエス像であった。ハリウッドのイエス表象にこのような変化が起こった背景

には、1968年にプロダクション・コードが廃止されたことによって、様々なイエスの姿を提示できる自由が映画製作者たちに与えられたところも大きく影響している。こうして、かつてプロダクション・コードが厳格適用されていた頃には決して映画化が叶わなかったであろう作品が、1970年代に公開されるようになるのである。代表的なものとしては、ブロードウェイ舞台を映画化したミュージカル『ジーザス・クライスト・スーパースター』(Jesus Christ Superstar, 1973年)、オフ・ブロードウェイ・ミュージカルを映画化した『ゴッドスペル』(Godspell, 1973年) などが挙げられる。

　一部の保守的なキリスト教団体から強い抗議を受けたものの、どちらの映画も、70年代前半まで続いたカウンター・カルチャーの流れや、若者がイエスに立ち返るジーザス・ムーブメントの隆盛に伴って興行的な成功を収めている。これらの映画に登場するイエスは、人間的な弱さを兼ね備え、細い体に乱れた髪の毛で、ヒッピーのような弟子たちを引き連れており、およそ「救い主」とは思えないイエス像である。しかし、組織化された宗教から離れ、より人間らしさを増すことによって、イエスの人気は上昇していったのである。[166] どちらの映画も、「神学的にも、歴史的にも、聖書的にも正確さに欠けている」という『キング・オブ・キングス』が受けたような批判すら意味をなさないほど独創的である。このふたつの映画によって、イエスは若者文化の「ポップ・アイコン」としての地位を不動のものとした。その一方で、教会などの組織化された宗教は、イエスにアクセスするための媒介として必ずしも必要ではなくなっていったのである。

結

1960年代から70年代にかけて、アメリカの伝統的価値の崩壊と世俗化

---

[166] Prothero, *American Jesus: How the Son of God Became a National Icon*, 300.

に伴って教会の礼拝出席者の数には減少が見られたが、カウンター・カルチャーの隆興により、若者たちは教会の外に新しい宗教的アイコンを求めていった。そのような時代の潮流の中で生まれたジーザス・ムーブメントの渦中にいた若者たちは、従来の制度的な教会に所属することを拒み、自分たちの生き方のモデルとしてイエスに強く惹かれていったのである。そのような彼らにとってのイエスは、威厳と荘厳さを備えたイエスでも、姿の見えない神秘的な存在でもなかった。むしろイエスは彼らに最も近い存在として受け止められたのである。イエスはある時には彼らにとっての親しい友であり、またある時には彼らにとっての良きリーダーであった。そればかりか、イエスは彼らの「スーパースター」でもあったのである。それゆえ、彼らの思い描くイエスは、当時の若者たちと何ら変わるところのない姿であり、まるでヒッピーの中のひとりのようであった。

　一方、映画産業界はプロダクション・コードの廃止により、自由にイエスを描くことができるようになった。その結果、この時期のハリウッド映画のイエスは、世俗化が吹き荒れる中で弱体化していった教会が要請するかつての伝統的なイエス像ではなく、むしろこの時代の「代弁者」とも言える、若者たちの要請に応えるかのような姿をとってスクリーンに登場した。それは、人間的な弱さと脆さを伴ったイエスであった。

　この時期の映画に登場するイエスはポップ（大衆的）であったものの、映画そのものの筋書きは比較的伝統的な枠組みに留まっていた。このイエスは、ヒッピーのような外見ではあっても、聖書に記されているように人々と出会い、苦しみを受け、十字架にかかって死ぬのである。それゆえ、これらの映画におけるイエスの人性の強調は、世俗化した社会にイエスを受け入れてもらう上で必要な要素であったが、それ自体が目的ではなかった。一部の保守的な教派を除いて、教会がこれらの映画をさほど厳しく追及しなかったのは、この時代の映画に登場するイエスが、世俗の衣をまといつつも、その本質的なところではまだ当時の教会の伝統的価値観の範囲

第4章 「古き良き時代」の終焉

を逸脱していなかったからであろう。その点では、プロダクション・コードが廃止された後のハリウッドでは、イエス映画に関する限り、教会がおおむね許容できる範囲での作品を製作していたと言える。

第5章　キリスト教右派の台頭
（1980年代）

序

　1969年、『ローズマリーの赤ちゃん』を監督したロマン・ポランスキーの家にヒッピー集団のマンソン・ファミリーが押し入り、当時妊娠8カ月であったポランスキーの妻を含む5人を惨殺する事件が起きた。このいわゆる「シャロン・テート虐殺事件」を機に、アメリカにおけるヒッピーへの認識は劇的に変わった。彼らはもはや「ラブ＆ピース」な人々ではなく、放置しておいてはならない危険な人々と見られるようになったのである。ベトナム戦争という「アメリカの挫折」を経験した世代が紡ぎ出したカウンター・カルチャーも、「ドラッグとフリー・セックス」という言葉に集約されるように、「結局は何も生み出さない」という失望感を若者たちに残して終焉を迎えようとしていた。

　そのような状況の中で、当時カリフォルニア州知事であったロナルド・レーガンや「福音派」[167]の人々が、ヒッピーの巣窟と目されていたカリフォルニア大学バークレー校（UCバークレー）の浄化に乗り出し、ヒッピーたちをクリスチャンに転向させようとする。この頃からアメリカのキリスト教の中心は、それまで比較的リベラルな立場でアメリカのキリスト教の主流を担ってきた「主流派教会」から、保守的な立場をとる福音派の人々へと移っていくのである。そして、その福音派の中から、さらに自分たちの

167　「福音派」という名称は、特定の教派を意味しているのではなく、概して「保守的なプロテスタント」のことを意味している。

保守的なキリスト教的価値観を政治に反映させようとする「キリスト教右派」[168]が力を持つようになっていくのである。

本章では、アメリカにおいてこれら保守的な福音派やキリスト教右派が台頭するようになった経緯に注目し、彼らの存在がプロダクション・コード廃止以降のハリウッド映画にどのような影響を及ぼしたのかについて、考察を行いたい。

第1節　ジーザス・ムーブメントから福音派へ

1-1　ビル・ブライトとキャンパス・クルセード

　ヒッピー文化に傾倒した若者たちの多くが、薬物依存や不安定な生活に対して次第に限界を感じていく中で、前章で述べたようにイエスに救いを求めていったことは、教会の影響力が衰退していくことはやむを得ないと見ていた世俗化論者を驚かせたが、世論はこのジーザス・ムーブメントを一過性のものにすぎないと見ていた。この運動の支援を行っていた大衆伝道者ビリー・グラハムですら、「単なる流行だと思うが、歓迎している」と述べている[169]。

　事実、ジーザス・ムーブメントが社会現象化する一方で、アメリカの教会、とりわけプロテスタント教会の会員数は減少傾向にあった。次ページのグラフ（図21）は、ギャラップ調査のデータを参考に、1955年から75年までのプロテスタントの教勢の変化を示したものである。55年には、アメ

168　「キリスト教右派」あるいは「宗教右派」とは、福音派の中でも、自分たちの保守的な宗教理解や価値観を政治に反映しようとする信仰者のことを意味する。

169　*Time* (June 28, 1971), 63.

リカの人口に対して70パーセントがプロテスタント教会に属していたが、ジーザス・ムーブメントがピークに達した70年から75年の間には、5パーセントも教勢が減少している[170]。

アメリカ以外の多くの国でも同じ時期に学生運動が起こり、古い体制と結びついた教会から人々が離れていく現象は見られた。アメリカにおいて状況が異なったのは、その混乱期にビリー・グラハムやビル・ライトという著名な大衆伝道者が頻繁に大学のキャンパスへ出かけていって精力的に宣教活動を行ったという点である。しかも、その活動は大いに成功したのである。

（図21）プロテスタント教会の教勢の変化（％）

ビリー・グラハムに比べてビル・ライトはあまり脚光を浴びていないが、彼はキャンパス・クルセード・フォー・クライスト（Campus Crusade for Christ, CCC）[171]を創設し、ジーザス・ムーブメント黎明期から福音派の成長に重要な役割を果たした。ビリー・グラハムはテレビ伝道やリバイバル集会を行うなど、表に立つフロント・パーソンであったが、経営学を学んだビル・ブライトは、どちらかと言うと裏方として、小冊子（トラクト）を配ったりイベントを企画したりすることに長けた人物であった。

今日でこそアメリカの福音派はレッド・ステイト（red state、共和党支持者の多い州）に集住しているように思われているが、初期のメガ・チャー

---

170 ギャラップ調査のウェブサイト参照。http://www.gallup.com/poll/1690/Religion.aspx（アクセス日：2012年3月30日）

171 クルセード（十字軍）という言葉はネガティブな印象を与えるため、2012年からはクルー（Cru）という名称に変更している。

チ（礼拝出席者数が2000人規模の教会）や福音派の活動は、ブルー・ステイト（blue state、民主党支持者の多い州）のカリフォルニア州、特にハリウッド周辺から始まっている。ハートフォード宗教研究所の報告によると、カリフォルニア州には、テキサス州と並んで、190ものメガ・チャーチが存在するのである[172]。ビル・ブライトがCCCの活動を始めたのはカリフォルニア大学ロサンゼルス校（UCLA）であり、ブライトが出席していた教会もハリウッドにある長老派教会であった。

ブライトは伝道者になる前に食品流通会社を経営しており、仕事で営業をするうちに、キリスト教の福音も方法次第でもっと広めることができると気がついたのである。彼はポケット・サイズの「信仰4箇条」[173]が書かれた小冊子を常に持ち歩き、あらゆるところで配付した。そして、フラー神学校で学ぶ傍ら、UCLAの学生たちとも親交を深め、1951年にはUCLA内でCCCを創設するのである。

CCCでは、学生たちを教化し、メンバーを増やすために、「キリスト教

---

[172] ハートフォード宗教研究所のウェブサイト参照。http://hirr.hartsem.edu/megachurch/megastoday_profile.html（アクセス日：2012年3月30日）。

[173] ビル・ブライトの「信仰4箇条」（Turner 2008: 99）
①神はあなたのことを愛しており、あなたの人生のために素晴らしい計画をお持ちです（ヨハネ3：16、10：10）。
②人間は罪深く、神から離れています。それゆえに、人は神の愛を知ることも経験することもできず、神がご用意くださった計画についても知ることはできないのです（ローマ3：23、6：23）。
③イエス・キリストは、神が人間の罪のために唯一の解決策として与えてくださった方です。彼を通して人は神の愛とご計画を知ることができます（ローマ5：8、1コリ15：3-6、ヨハネ14：6）。
④我々は個人的にイエス・キリストを救い主として受け入れなければなりません。そうすることによって神の愛とご計画を知ることができるのです（ヨハネ1：12、エフェソ2：8-9、黙示録3：20）。

第5章　キリスト教右派の台頭

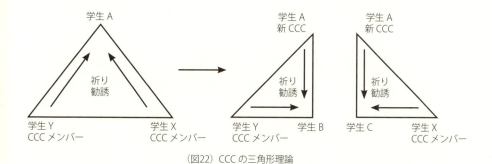

（図22）CCCの三角形理論

の三角形」という方法を考案している。この方法は、まず三角形のふたつの角にメンバーの名前を書き、残されたひとつの角にはメンバーではない学生の名前を記す。次に、ふたりのメンバーはその学生のために祈り、共にCCCの活動へ参加するよう積極的に勧誘する。最終的に、もしその学生がメンバーになると、最初の三角形をふたつに分割し、また別のメンバーではない学生の名前を書いて勧誘活動を行うという方法である（図22）。外部の伝道者が直接的な宣教活動を行ってもそれほど功は奏さなかったかもしれないが、内部の学生が他の学生を勧誘するというこの方法によって、キャンパス内のクリスチャンは次々と増えていったのである。

　一方、ビリー・グラハムはこの時期にハリウッドと仲を深め、たびたびメディアに登場していた。彼はビリー・グラハム伝道協会を設立し、雑誌「クリスチャニティ・トゥディ」を発刊したり、ラジオ伝道を行ったり、さらにビリー・グラハム伝道協会の下にはワールド・ワイド・ピクチャーズ（World Wide Pictures）という映画プロダクションを設立したりして、数多くの映画を製作していくのである。

1-2　UCバークレーの「浄化計画」

　UCLAでの宣教活動に成功したブライトは、1967年1月に600人ものCCCのスタッフや学生を引き連れて「いま革命を」（Revolution Now）と

いう名のキャンペーンを、ヒッピーの集まる中心地であったUCバークレーで展開する。67年と言えば、ハリウッドの俳優から政治家に転身したロナルド・レーガンがカリフォルニア州知事に就任したばかりの頃である。レーガンは当選前から、「セックスに溺れ、共産主義に傾倒する学生で溢れるUCバークレーを浄化する」と公約しており、就任して間もなく公約通り、その計画を行動に移していく。[174]以前よりレーガンと親交のあったブライトは、その計画に協力するかたちでビリー・グラハムと共にUCバークレーへ乗り込むのである。

　しかし、ヒッピーの街と化していたバークレーでは、短髪にスーツ姿のふたりは受け入れられず、キャンペーンは苦戦する。そこでブライトはCCCのスタッフたちにヒッピー・スタイルを身につけるよう命じ、クリスチャン世界解放戦線（Christian World Liberation Front, CWLF）という名の組織を結成した上で、CCCの活動の前面（文字通り戦線）に立たせた。CWLFという名称は、キャンパス内で活動していた第三世界解放戦線（Third World Liberation Front, TWLF）を真似たものであり、あたかも解放運動の団体であるかのように見せるために採用した名称であった。また、社会活動家やヒッピーたちが好んで使っていた「革命」「スピリチュアル」という言葉を多用し、「イエス・キリストは歴史上最も偉大な革命家であった」、「真の革命は、生きて働かれるキリストを通して得られるスピリチュアルな革命だ」というようなレトリックを用いて学生に対し熱心に話しかけたのである。CCCのスタッフは「信仰4箇条」の書かれた冊子を配布し、何台もの電話ブースを設置した部屋を用意して、朝からバークレーの学生たちに

174　Clark Kerr, *The Gold and the Blue: A Personal Memoir of the University of California, 1949-1967*, vol. 2 (University of California Press, 2001), 288-289.

電話攻撃を仕掛けている[175]。

　レーガン州知事にとっても、ブライトやグラハムにとっても、UCバークレーを1967年に「浄化」することは非常に重要であった。その年には多くの学生がアメリカ中からサンフランシスコに集まってきており、バークレーを含めてベイ・エリアはヒッピーたちの聖地と化していたのである。その集大成として夏には「サマー・オブ・ラブ」という現象が起き、フラワー・チルドレンたちがサンフランシスコに溢れていた。そして彼らは、カリフォルニア出身のザ・ドアーズやグレイトフル・デッドが行うライブを聴きながらフリー・セックスとドラッグに浸っていたのである。このような状況下で、レーガンは自分に政治能力があることを有権者に示す必要があった。その一方で、政治家との仲を深めていたブライトとグラハムは、レーガンに協力することでさらに自分たちが政治に影響を及ぼせるようになると考えたのである。両サイドにとって、当時のカウンター・カルチャーの中心地であり、かつ社会運動が活発であったベイ・エリアの若者たちをキリスト教化することによって、その他の地域の学生も感化されていくだろうという期待もあった。つまり、1967年にUCバークレーでブライトがCCCの活動を活発に行ったことは、政治的にも宗教的にも重要な意味を持っていたのである。

　サンフランシスコのゴールデン・ゲート・ブリッジの下でザ・ドアーズが「すべての子どもたちは狂っている。お父さん、あなたを殺したい」（曲：ジ・エンド）と歌っているその時に、サンフランシスコ湾の対岸に位置するバークレーではCCCが「真の革命」を訴えていたのである。まさに「キリストのためのキャンパス・クルセード」という名の通り、彼らにとってCCCの活動は、アナーキストや活動家を養っていた、いわば「異

175　John G. Turner, *Bill Bright & Campus Crusade for Christ: The Renewal of Evangelicalism in Postwar America* (University of North Carolina Press, 2008), 122.

教徒の牙城」であったバークレーに対する「十字軍」の戦いそのものだったのである。そのことから考えると、前章で述べたように、同じ年の夏にサンフランシスコのヘイト・アシュベリーでジーザス・ムーブメントの芽が出てきたのも、CCCの活動と無関係ではないだろう。

　ブライトはさらにCCCの活動をワシントンD.C.や軍隊の中にも広げていく。グラハムもホワイト・ハウスに出入りしてジョンソン大統領と共に祈るなどしており、1960年代から福音派の政治参画は徐々に始まっていた。[176]一方、ジョンソン大統領と親交があったMPAA（アメリカ映画協会）のジャック・ヴァレンティも頻繁にホワイト・ハウスに出入りしており、グラハムと顔を合わせる機会もたびたびあった。この当時はまだ、後に起きるような福音派によるハリウッド批判は起きていなかったのである。

1-3　クリスチャンのためのウッドストック──Explo'72

　サンフランシスコでのサマー・オブ・ラブや、1969年にニューヨーク市郊外で行われたウッドストック・フェスティバルなどで、若者が音楽を通して交流することを知ったビル・ブライトは、クリスチャンのためのウッドストック・フェスティバルとしてExplo'72を企画する。「霊的爆発」（Spiritual Explosion）を意味するこのイベントは、テキサス州ダラスで1972年6月12日から17日にかけて行われ、ジョニー・キャッシュやクリス・クリストファーソンなどの有名なミュージシャンが招かれている。そしてExplo'72は、75カ国から高校生や大学生8万人が集う一大イベントとなったのである。1972年6月号の *Life* 誌はExplo'72の写真を表紙に採用し（図23）、「ダラスでの偉大なイエス集会」と報じている。[177]

176　W. Terry Whalin, *Billy Graham: America's Greatest Evangelist* (Bethany House Publishers, 2002), 127.

177　"Rallying for Jesus," *Life*, vol. 72, no. 25 (June 30, 1972).

第5章　キリスト教右派の台頭

　このイベントを6ページにわたって特集したLife誌の記事では、Explo'72を主催するCCCのことを「神学的に保守的な福音派」と紹介し、CCCが今後1976年までにイエスのメッセージをアメリカ中に伝え、80年までには世界中に伝えることを目標に掲げていると書いている。「宗教的ウッドストック」を当初から目指していたExplo'72では、CCCの手配によって参加者にはきちんと宿が確保されており、朝から夕方まで福音伝道のトレーニングがダラス市内の65会

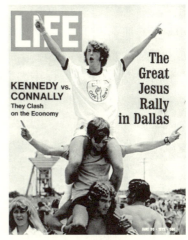

（図23）*Life* (Jun 30, 1972),. © Time Inc.

場で行われていた。その締めくくりとしてのイベントが、スタジアムでの連夜にわたるコンサートであった。クリスチャンのミュージシャンたちは、いかに過去の自分たちが麻薬に溺れて不幸であったのか、そして、イエスに出会ったことでいかに救われたのかという信仰のメッセージを若者たちに向かって発したのである。

　このExplo'72で演奏された曲はレコード化され、希望者はCCCに問い合わせると無料で入手することができた。つまり、Explo'72を主催したCCCにとっては、レコードを販売して利益を得ることが目的ではなく、レコードを希望する若者とCCCが直接コンタクトをとることのほうが重要だったのである。この方法によってCCCは若者たちにアプローチすることができ、さらなる活動に勧誘することができたのである。CCCのこのような戦略によってメンバーは爆発的に増加し、CCCの勢力は、YMCAやWSCF（World Student Christian Federation, 世界学生キリスト教連盟）などの従来からあったキリスト教系の青年団体をはるかに凌駕するようになったのである。1970年代の時点でCCCはすでに10,000人のフルタ

イムのスタッフを抱えていたが、2005年の記録では、191カ国にまでにその活動範囲を広げ、26,000人のフルタイムのスタッフと、550,000人の訓練を受けたボランティアを有し、その予算規模は4億ドルとされている。[178]

1967年のUCバークレーでのキャンペーン開始とサマー・オブ・ラブからExplo'72までの間には、チャールズ・マンソンによるシャロン・テート虐殺事件（69年）、ローリング・ストーンズの主催するオルタモント・フリーコンサートでの殺人事件（同年）が起こり、69年から71年にかけてはブライアン・ジョーンズ（元ローリング・ストーンズ）、ジミ・ヘンドリックス、ジャニス・ジョプリン、ジム・モリソン（ザ・ドアーズ）などの著名なミュージシャンが相次いで薬物の過剰摂取で死亡した。このような事件を受けて、この時すでにカウンター・カルチャーは限界を迎えようとしていたのである。

そのような時期に、CCCが提唱した「ワン・ウェイ」（イエスこそが唯一の救い）という分かりやすいスローガンは、カウンター・カルチャーに失望し喪失感を抱いていた若者たちにとっても受け入れやすいものであった。そして、多くの若者はExplo'72に参加して、薬物なしでもイエスを受け入れることによってハイになれることを知ったのである。[179] それはまさにカウンター・カルチャーのカウンターとして生まれた新しい保守文化であった。

Explo'72を集大成とするジーザス・ムーブメントは、表向きカウンター・カルチャーを担う若者たちによって自発的に興った現象のように見せることによって、より多くの若者を参与させることに成功した。この活動に当

178　Erwin Fahlbusch, ed. *The Encyclopedia of Christianity*, vol. 5 (Wm. B. Eerdmans Publishing, 2008), 207-208.

179　Robert S. Ellwood, *One Way: The Jesus Movement and Its Meaning* (Prentice Hall, 1973), 70.

時の政治家や宗教家がどの程度関わっていたのかは定かではないが、時の大統領であったニクソンでさえ、グラハムの勧めによってExplo'72に参加することを検討していたほどである[180]。しかし、当時のニクソンは再選に向けて選挙活動を行っていた上に、同じタイミングでウォーターゲート事件勃発の発端となるワシントンD.C.の民主党本部侵入事件が発覚したため、Explo'72への参加は実現しなかったが、かねてよりグラハムはニクソンに、「中産階級の若者たちは静かにさせられている（Silenced）マジョリティー」であり、この層に訴えかける必要性があると助言していたのである[181]。

やがてジーザス・ムーブメントは次第に減退するが、1980-90年代に入って政治の表舞台に出てくるキリスト教右派グループは、ビル・ブライトがCCCを通して保守的な考え方を広めた世代を中心としている。例えば、ジーザス・ムーブメントの担い手であった若者たちは、70年代前半からすでに保守派の共和党支持に回り、民主党大会へ乗り込んでワーシップソングを歌うなどの活動を行っていたことが、ジーザス・ムーブメントのフリー・ペーパーに記録されている[182]。

第2節　レーガン政権下における「神の国アメリカ」の復活

2-1　短命だったアメリカン・ニュー・シネマ

カリフォルニア州のロサンゼルスやサンフランシスコなどで活発化したジーザス・ムーブメントの流行や、青年クリスチャンたちが政治活動へ参

180　Turner, *Bill Bright & Campus Crusade for Christ: The Renewal of Evangelicalism in Postwar America*, 141.

181　Ibid.

182　*Hollywood Free Paper*, vol. 4, no. 7 (July 1972).

加していく裏で、ハリウッドはこの頃、1968年にプロダクション・コードが廃止されたことによる自由を謳歌していた。激しい暴力描写や、15分に一度のセックス・シーンや性的なほのめかしを含む映画、最後に主人公が殺されて終わる映画など、プロダクション・コードの時代には到底映画化できなかったような作品を製作していたのである。気軽に映画が楽しめるドライブ・イン・シアターも若者を中心に人気を博していた。また、スタジオ・システムの崩壊に伴い、インディペンデント系の製作会社やプロデューサーが誕生したことによって、30代前後の若手の映画作家たちにも低予算で実験的な映画を作る機会が与えられたのである。

1967年12月8日発売の *Time* 誌では、『俺たちに明日はない』(Bonnie and Clyde, 1967年) の一場面を表紙に「新しい映画——暴力……セックス……芸術……」という帯がつけられ、「ハリウッド——映画における自由がもたらした衝撃」と題する特集が組まれている。この記事では、自由すぎる新しい映画が次々と生み出されていくことによる社会への影響を懸念しながらも、この流れをおおむね賞賛している。[183] この頃のハリウッドは、各地の大学で新しく設置された映画学科を卒業したばかりの若い才能を次々と起用し、新しいスタイルの映画を製作するようになっていたのである。しかしながら、「アメリカン・ニュー・シネマ」と呼ばれたこの頃の反体制的な映画は10年ほどですぐに姿を消してしまう。

最も初期にアメリカン・ニュー・シネマの終焉を暗示させたのが、ベトナム戦争終結の翌年に公開された『ロッキー』(Rocky, 1976年) である。その年のアカデミー作品賞を受賞したこの映画は、シルヴェスター・スタローン演じる白人貧困層出身の無名のボクサーが、世界チャンピオンで裕福なアフリカ系アメリカ人のボクサーに果敢に挑戦するという物語である。この映画では、従来の白人男性優位というような人種や性別における伝統的

183　*Time* (December 8, 1967).

第5章　キリスト教右派の台頭

な優劣構造が逆転しているが、それはすでに1974年の『カッコーの巣の上で』(One Flew Over the Cuckoo's Nest) でも見られた。この映画では、かつて伝統的に優位な立場にあった白人男性たちが精神科病院に収容されており、彼らは女性の看護師長やアフリカ系アメリカ人の従業員によって徹底的に管理されて自由を奪われているのである。そして最後にはジャック・ニコルソン演じる主人公のマクマーフィーが強制的にロボトミー手術を受けさせられてしまう。一方の『ロッキー』では、無名の貧しいボクサーである白人のロッキーがアフリカ系アメリカ人の世界チャンピオンに挑戦し、試合を互角に戦った後、かねてより思いを寄せていた女性の愛も手に入れるという大団円で終わっている。

『ロッキー』はその後シリーズ化し、2006年までの間に6作品も製作された。『ロッキー』に引き続き、『ランボー』シリーズも好評を博したスタローンと、『ターミネーター』シリーズに代表されるアクション映画に次々と出演したアーノルド・シュワルツェネッガーは、1980年代のレーガン政権における「強いアメリカ」「悪と戦うアメリカ」「世界の警察アメリカ」の象徴として、「アメリカの男らしさ」(American masculinity) を再定義していくのである。[184]

シリーズ中最も興行成績が良かったのが『ロッキー4／炎の友情』(1985年) である。この映画は、ロッキーがアメリカの国旗柄のボクサー・ショーツを着用して旧ソビエト連邦に乗り込んでいき、ソ連のチャンピオンに挑戦するというストーリーである。ソ連の科学技術によって肉体改造を施されたサイボーグのような体とブロンドという外見に加えて、一切

184　Bret E. Carroll, ed. *American Masculinities: A Historical Encyclopedia* (SAGE Publications, 2003), 214; Brenton J. Malin, *American Masculinity under Clinton: Popular Media and the Nineties "Crisis of Masculinity"* (Peter Lang Publishing, 2005), 193.

感情を表に出さないソ連のチャンピオンの姿は、アメリカの民主主義と対立する共産主義の象徴である。一方、民主主義という正義を背負ったロッキーは辛くも勝利し（ある意味ロッキーが勝利するのは最初から明白なのではあるが）、戦いに勝ったヒーローの体にはアメリカの国旗が巻かれる。しかも、最初はやじを飛ばしていたソ連の観客たちも、最後にはロッキーの戦いぶりに胸を打たれてスタンディング・オベーションでロッキーにエールを送るのである。アメリカでこの映画はクリスマス前に公開されており、映画の中でもロッキーはヒーロー・インタビューでソ連の観客に「君たちも変わることができる」と熱心に語った後、アメリカにいる息子へ「メリー・クリスマス！」と言う台詞で映画は終わっている。このように『ロッキー』は、「（神の恩寵による）強いアメリカ」、「民主主義の国アメリカ」、そして「家族を愛するアメリカ」というイメージを巧みに表現している映画なのである。こうして短命に終わったアメリカン・ニュー・シネマの後に出現したのが、強いアメリカを描き、その価値観を世界に押しつけるアメリカ映画である。このスタイルの映画は、規模や仮想敵が変化しながらも現在にまで引き継がれている。

2-2　1976年──ザ・イヤー・オブ・エヴァンジェリカル

『ロッキー』が公開された1976年は、一方で保守的なクリスチャンである福音派の人々が誕生した年であるとも言われている。その誕生の発端は、ウォーターゲート事件を発端とする一連の事件で有罪判決を受けたチャールズ（チャック）・コルソン元大統領特別補佐官が、73年の服役中にキリスト教の信仰に目覚め、自分が新しい人間に生まれ変わったことを著書『ボーン・アゲイン』で公表したことによる。この本のタイトルである

185　Stephen Prince, *Visions of Empire: Political Imagery in Contemporary American Film* (Praeger, 1992), 73-75.

第5章　キリスト教右派の台頭

「ボーン・アゲイン」という言葉は世間で大きく取り上げられ、従来のメインライン・プロテスタント信徒から福音派に生まれ変わったクリスチャンを示す単語へと次第になっていった。ニクソンの側近として次々と政敵を追い落とし、72年の大統領選でニクソンが再選するためなら「自分の祖母すら踏みつける」と述べたコルソンが、たった数カ月で生まれ変わった（ボーン・アゲイン）という告白には多くのメディアから疑義が出されたものの、ボーン・アゲインという表現を世間に広めるという点では十分なインパクトがあった。[186]

ニクソンの辞任後、その後任として副大統領であったジェラルド・フォードが大統領を一期務めるものの、1976年の選挙選では、南部バプテストに所属し、ボーン・アゲインのクリスチャンであることを自称したジミー・カーターに敗れている。カーターはボーン・アゲインという宗教カードを選挙戦に初めて持ち出し、民主党からの選出であるにもかかわらず、南部の福音派からの支持を得ることに成功したのである。この年のギャラップ調査は、アメリカ国内で5000万人が自らを福音派と認めているという調査を発表し、1976年は「ザ・イヤー・オブ・エヴァンジェリカル」であると宣言した。[187]

しかし、後に繋がりが強くなっていく「共和党―福音派」の関係は、この頃はまだ確立されていなかった。福音派の人々の投票行動はまだ画一的ではなく、1976年の選挙におけるカーターの支持基盤は、福音派に属する最大の南部バプテストの中でも比較的裕福ではない層に属する人たちであ

186　Dan T. Carter, *The Politics of Rage: George Wallace, the Origins of the New Conservatism, and the Transformation of American Politics*, 2nd ed. (LSU Press, 2000), 96.

187　Sara Diamond, *Spiritual Warfare: The Politics of the Christian Right* (Black Rose Books, 1990), 55.

就任	大統領	政党	宗教	出身地・本拠地
1961年	ジョン・F・ケネディ	民主党	カトリック	マサチューセッツ（北）
1963年	リンドン・B・ジョンソン	民主党	ディサイプル教会	テキサス（南）
1969年	リチャード・ニクソン	共和党	クエーカー	カリフォルニア（北）
1974年	ジェラルド・フォード	共和党	聖公会	ミシガン（北）
1977年	ジミー・カーター	民主党	南部バプテスト連盟 ボーン・アゲイン	ジョージア（南）
1981年	ロナルド・レーガン	共和党 62年以前は民主党	長老派 ボーン・アゲイン	カリフォルニア（北）
1989年	ジョージ・H・W・ブッシュ	共和党	聖公会	テキサス（南）
1993年	ビル・クリントン	民主党	南部バプテスト連盟	アーカンソー（南）

（図24）1960-1990年代の大統領の政党と宗教及び出身地一覧

り、対するフォードは、南部バプテストの中でも中流・上流階級の人々から票を集めていた。[188] カーター対フォードの選挙戦では、そのように福音派が二分されていたにもかかわらず、それが80年の選挙になると「共和党―福音派」の繋がりが顕在化し、福音派の人々の多くはレーガン支持に回ったのである。カーター政権が再選なしの４年で終わり、元カリフォルニア州知事のレーガンが共和党からの推薦を得て大統領に当選した時、それまで単に信仰熱心なキリスト教徒であったと考えられていた福音派の人々の中から宗教右派（religious right）、あるいはキリスト教右派として政治参加する勢力の出現が決定的に示された。

上の図は、1960年代から90年代までの大統領の政党と宗教、そして出身地を一覧にしたものである（図24）。出身地の州の南北については、南北戦争時に北と南に分かれた時の分類に従っている。伝統的に北部は民主党支持（ブルー・ステイト）で、南部は共和党支持（レッド・ステイト）と見な

---

188 Oran P. Smith, *The Rise of Baptist Republicanism* (New York University Press, 1997), 96.

されているが、必ずしも大統領の出身州と所属政党の支持基盤の州の配置は合致しているわけではない。ただし、大統領の政党と出身地の州が合致している時、例えば、民主党・北部出身のケネディの時は社会がリベラル化した時代であり、共和党・南部出身のブッシュの時には社会が保守化した時代であることを示していると言える。

2-3 相次ぐ宗教ロビーの設立と新保守主義の台頭

福音派の協力によってレーガンが大統領に選ばれたことを大いに喜んだのが、CCC創始者のビル・ブライトである。ブライトはUCバークレー「浄化計画」以前よりレーガンとは交流があり、大統領選でもレーガンの当選に向けて熱心に支援していた。ブライトは、キリスト教テレビ局CBN（Christian Broadcasting Network）における看板番組「700クラブ」の司会者として有名なパット・ロバートソンやフル・ゴスペル国際実業家団体（Full Gospel Businessmen's Fellowship International）、そして南部バプテスト連盟の代表たちと共に「ワシントン・フォー・ジーザス」（Washington for Jesus）というイベントを企画する。1980年4月29日に開催されたこのイベントでは、20万人もの福音派やキリスト教ファンダメンタリストたちが集まり、レーガンのために1日中祈りをささげたのである。これは、それまで反目し合っていた南部バプテスト連盟と他の福音派教会、そしてカリスマ派教会などの保守派が初めて協力して一緒に参加したという点でも評価されたイベントであった。ブライトはこのイベントを「アメリカが独立宣言を行って以来、歴史上最も重要な日」であると表現し、その年の11月に当選を果たしたレーガンに、「ミスター・プレジデント、あな

---

189 カリスマ派とは、カトリックやメインライン・プロテスタント教会などの古くからあった教派に留まりながらも聖霊の働きを重視し、自らをエヴァンジェリカル（福音的、福音派）であると認識している人たちのことを指す。

たは11月に当選したのではなく、キリスト者たちが『主よ、我々に正義をお与えください』と祈った4月29日に選ばれたのです」と語ったと言われている。[190] 4月29日とは、1607年にイギリス人入植者がヴァージニアに来航し、ジェームズタウンに十字架を立てた記念すべき日である。つまり、ブライトをはじめとするキリスト教右派の人々は、アメリカ社会が建国時のピューリタン主義へと回帰していくことを望んでいたのである。

この頃、ブライトと同様の望みを持つ宗教政治団体がいくつか誕生するが、その中でも最大の宗教ロビーは「モラル・マジョリティー」(Moral Majority) である。モラル・マジョリティーは、かつての伝統的価値観の回復を求める政治団体であり、主な主張は次の3点である。

①世俗的人間中心主義 (humanism) への批判
②伝統的な家庭を守ること (pro-family)
③アメリカ至上主義

特に②の pro-family という立場から、人工妊娠中絶反対、男女同権法案反対、同性愛者の権利を認めることへの反対、家庭の教育に公権力が介入することへの反対を主張した。彼らが麻薬やロック音楽、ポルノに反対したのも、それが伝統的な家庭の価値を否定したり批判したりしているという理由からであった。[191]

時を同じくして、1960-70年代にアメリカの民主主義を世界に広める必要があると考えた極左の人々は、やがて左派から新保守主義（ネオコン）へと転向し、上記に挙げたような伝統的価値観の回復や親イスラエルとい

190　Turner, *Bill Bright & Campus Crusade for Christ: The Renewal of Evangelicalism in Postwar America*, 196.

191　森孝一『宗教からよむ「アメリカ」』（講談社、1996年）、210-211ページ．

う立場を共有するキリスト教右派と結びつき、レーガン政権下では保守大連合として一大勢力を形成するのである[192]。

第3節　マーティン・スコセッシの『最後の誘惑』と文化戦争

3-1　保守化社会における不幸な映画監督

　レーガン時代になってアメリカ社会の保守化が進んだ上に、レーガンが行った経済の規制緩和により、ハリウッド映画産業は従来よりもさらに大きなエンターテインメント・ビジネスと化していった。そのような時代のハリウッド映画界で最も災難を被ったのが映画監督のマーティン・スコセッシであろう。今日でこそ、「巨匠」の仲間入りを果たしたスコセッシであるが、同時代にハリウッドで仕事を始めてハリウッド映画を牽引してきたスティーブン・スピルバーグやフランシス・フォード・コッポラ（『ゴッド・ファーザー』シリーズ）、ジョージ・ルーカス（『スター・ウォーズ』シリーズ）などに比べて、長らく二流扱いを受けてきたのは、レーガン時代に負の遺産を残したからである。

　コッポラやルーカスが成功したビジネス・パーソンとして超大作映画のシリーズ物を作り続けているのに対し、スコセッシは1960年代から映画作家として独自のスタイルを確立した映画を作り続けてきた。ニューヨーク大学で映画学を学んだスコセッシにとって、ハッピーエンドで終わるハリウッド式の「売れる映画」を作ることは容易いことであるものの、そのような方法をとらない映画作りを行ってきたのである。スコセッシが

---

[192] Benjamin Balint, *Running Commentary: The Contentious Magazine that Transformed the Jewish Left into the Neoconservative Right* (PublicAffairs, 2010), 143-144.

監督したライザ・ミネリ主演のミュージカル『ニューヨーク・ニューヨーク』(New York, New York, 1977年) は商業的に失敗した映画のひとつであるが、この映画の編集段階を見たジョージ・ルーカスは「ラストをハッピーエンドにしたら興行成績が1000万ドル上乗せされるだろう」と助言している。しかし、スコセッシはその見解を正しいと認めながらも、そのようなエンディングはこの映画にも、彼の他のどの映画においても相応しくないと思っていたのである。[193]

しかし、キリスト教右派が台頭し、しかもかつて「赤狩り」の時代にウォルト・ディズニーらと共に最も熱心にハリウッドから共産主義シンパを閉め出すことに邁進したレーガンが大統領になった時代には、スコセッシが作るような映画は受け入れられなかったのである。特に、レーガン時代に大きな発言力を持っていた、自分たちが「道徳的に多数派」だと主張するキリスト教右派たちとは相性が悪かった。スコセッシは、ジーザス・ムーブメントが興る前のヒッピー文化を吸収した若者の生き残りだったからである。

スコセッシは一時カトリックの司祭になることを目指していたが、思春期になってロックン・ロールと女性に夢中になり、神学校から退学させられてしまう。やがてニューヨーク大学の映画学科に入り、そこでザ・ドアーズの曲「ジ・エンド」をBGMにした実験的映画を製作している (『ドアをノックするのは誰?』Who's That Knocking at My Door, 1967年)。スコセッシはやがて、ベトナム戦争を肯定する司祭の説教を聞いてキリスト教に失望し、教会へ通うことを止めてしまう。その後には、ロックン・ロールと麻薬の祭典であるウッドストック・フェスティバルに撮影班として参加するなどしている。映画監督となってからも、『アリスの恋』(Alice

---

193 Ian Christie and David Thompson, *Scorsese on Scorsese* (Faber and Faber, 1990), 69.

第5章 キリスト教右派の台頭

Doesn't Live Here Anymore, 1974年）では、男性に頼らずに生きる強い女性を描き、『タクシードライバー』（Taxi Driver, 1976年）や『レイジング・ブル』（Raging Bull, 1980年）では、全編を血みどろの暴力シーンで埋め尽くし、観客に安易なハッピーエンドを提供することを拒んでいる。私生活では、第4章で述べたロッセリーニとバーグマンの娘イザベラ・ロッセリーニと結婚した後、4年で離婚しており、後にLGBTコミュニティーのアイコンであるジュディ・ガーランドの娘ライザ・ミネリとも交際していた。その他にも、スコセッシは麻薬の過剰摂取で入院したり、「赤狩り」時代に不幸な目に遭ったエリア・カザンやマイケル・パウエルなどの見放された映画監督たちを支援したりしてきた。これらはすべて、レーガンが大統領に就任するまでに起きたことである。このような事柄だけでも、福音派の人々の倫理規範に合わない人物であることは明白であるが、さらに悪いことに、1981年には、『タクシードライバー』を繰り返し観た男がレーガン大統領を銃撃する事件を起こしているのである。

3-2 『最後の誘惑』に対する宗教右派の抵抗

　スコセッシが福音派のクリスチャンたちの感情を最も害したのが、1983年に製作を始めた『最後の誘惑』（The Last Temptation of Christ, 1988年）の映画化であった。すでにギリシャ人のニコス・カザンザキスによって書かれた原作がカトリック教会から禁書扱いを受けていたこともあり、『最後の誘惑』は計画当初からいくつものキリスト教関連団体から抗議を受けることになる。この映画は、十字架にかけられたイエスが十字架から降り、普通の人間として生きるよう悪魔から誘惑を受けるというストーリーである。とりわけ、その過程でイエスが3人の女性と性的関係を持った上に家庭を築くという場面が問題とされたのである。

　もともとスコセッシがカザンザキスの原作を手に入れたのは1972年であり、その頃から映画化を切望していたものの、製作の準備段階ですでに福

音派の団体から妨害を受けている。また、撮影開始まで4週間と迫った頃に宗教団体からの圧力を受け、予定していた配給会社のパラマウントより映画化をキャンセルされている[194]。しかも、映画の製作中止をめぐって抗議運動を行ったのはキリスト教徒だけではなかった。イエス映画は常に「反ユダヤ主義的」(anti-Judaism, anti-Semitism) であるとの批判を受ける危険性を持つものであるが、『最後の誘惑』もその映画のタイトルに「救世主」(Christ) の名前が使われたことにより、ユダヤ教徒からの抗議の対象にもなったのである。

　映画が公開されると、キリスト教保守派、福音派の団体を中心に激しい抗議運動が展開された。キリスト教系メディアからはことごとく酷評され、映画館の前でプラカードを持ったボイコット運動を起こされたり、挙げ句の果てに劇場の爆破までが行われたりしている。こうして『最後の誘惑』が公開された頃には、すでに社会における発言力を増していたキリスト教右派勢力から強く抗議を受けたことにより、映画は興行的に失敗に終わっている。しかも、レンタル・ビデオ店にすらこの映画を置いてもらえないという仕打ちまで受けたのである[195]。

　中でも抗議活動の中心となったのが、ビル・ブライト率いるCCCであった。ブライトは『最後の誘惑』の映画化を根本的に阻止するため、映画の配給を予定していたパラマウントに、破棄することを前提にカザンザキスの本の映画化権を購入したいと申し入れたこともあったほどである。ブライトは『最後の誘惑』に対するあまりに強い不快感から、何日も眠れない晩があったようである。しかし、映画化権の購入に失敗すると、今度は上映を中止させるためにCCCのメンバー25,000人を動員して、映画館の前

194　Ibid., 116; Roger Ebert, *Scorsese by Ebert* (University of Chicago Press, 2008), 85.

195　Eric Mazur, *Encyclopedia of Religion and Film* (ABC-CLIO, 2011), 288.

第5章　キリスト教右派の台頭

でボイコット活動を展開し、映画館に入ろうとする人々を実力行使で阻止したのである[196]。

3-3 『最後の誘惑』と文化戦争の開戦

　アメリカで最も著名な映画批評家のひとりであるロジャー・エバートは、1967年に『ドアをノックするのは誰？』が初めてシカゴ映画祭で上映された時以来、40年以上もスコセッシの映画を高く評価してきた。エバートはスコセッシと同時期にカトリックの家庭で生まれ育ったことから、スコセッシの映画の背景にあるものを理解しており、スコセッシが第２ヴァチカン公会議以前のカトリック教育を受けてきたことが彼の映画に及ぼした影響について強調してきた。2008年に出版された *Scorsese by Ebert* でも、互いに近似している境遇の中で同じように第２ヴァチカン以前のカトリック教育を受けた者としてスコセッシに共感し、その視点からスコセッシの映画を分析している。「第２ヴァチカン以前の時代にローマ・カトリックの学校と教会へ通った子どもは、ミサのためのラテン語を暗記させられ、大罪と小罪、神の恩寵、そして地獄の業火という概念を繰り返し教え込まれ、バルチモア・カテキズム（カトリック教会の教理に則した実践的な教えを記した教科書）をすべて暗記させられた」と、罪やその結果としての地獄を強調した第２ヴァチカン公会議以前の厳しいカトリック教育をエバートは振り返っている[197]。

　イエスが『最後の誘惑』で、悪魔の力によって普通の人間となって家庭を持ちながら生きるという幻想を見せられつつも、それを最後には拒絶し、

196　Thomas R Lindlof, *Hollywood Under Siege: Martin Scorsese, the Religious Right, and the Culture Wars* (The University Press of Kentucky, 2008), 175-179.

197　Ebert, *Scorsese by Ebert*, 1.

もう一度人々の罪を贖うために十字架にかけられて死ぬことを選ぶという姿は、第2ヴァチカン公会議以前のカトリック教育を受けたスコセッシやエバートにとって、人間として最も拒絶しがたい性的誘惑にも打ち勝つ真の救い主の姿なのである。

　したがってスコセッシは、単なる話題性のためにイエスが女性と関係を持つ場面を含む『最後の誘惑』を映画化したのではなかった。彼は同年のヴェネツィア映画祭で『最後の誘惑』を上映した後の記者会見において、彼自身の信仰やイエスへの愛、そして1972年に初めて作家ニコス・カザンザキスの原作を手にして以来、『最後の誘惑』を撮り上げるまでの長い間に経験した様々な困難や苦闘について率直に語る中で、以下のように述べている。

　　　私はこの映画を神への祈り、あるいは礼拝のように作った。私は司祭になりたかった。私の人生はずっと映画と宗教が占めていて、それ以外には何もないんだ。[198]

　一時は司祭になることを目指したこともあるスコセッシにとって、この映画を撮るという行為そのものが、彼自身の宗教的なルーツに立ち返って祈る、あるいは礼拝するという意味を持っていたのである。

　CCCのビル・ブライトをはじめ、キリスト教保守勢力による厳しい抗議活動に加え、福音派を支持基盤とする共和党のパトリック・ブキャナンなどの政治家からも非難された映画であったが、主流派教会の牧師や、表現の自由を訴えるリベラルな文化人たちは、このあまりに行き過ぎた抗議

198　Kelly, *Martin Scorsese: A Journey*, 6.

第5章 キリスト教右派の台頭

活動に異議を唱えた[199]。また、カリフォルニア州サクラメントの地元紙も、「『誘惑』を扱った映画をめぐる牧師対牧師の争い」(Clergy vs. Clergy On 'Temptation' Film) というタイトルで、この映画が福音派の牧師と主流派教会の牧師との対立を巻き起こしていると報じている[200]。おりしも人工妊娠中絶問題をめぐってリベラル派と保守派の間で緊張が高まっていた中でこの映画が公開されたこともあり、キリスト教的性道徳を掲げる福音派などの保守派と、言論の自由を求めるリベラル派との間にあった思想的葛藤がアメリカ社会の中で顕在化することになったのである。そして、それは後に「文化戦争」(カルチャー・ウォー)[201]と呼ばれるようになり、アメリカをキリスト教右派とリベラル派の二大勢力に分断するかたちで、アメリカ全土を巻き込む大きな思想闘争へと発展していったのである。

結

1960年代アメリカ西海岸を中心に生まれたカウンター・カルチャーは、ベトナム戦争の勃発と敗北という「アメリカン・ドリーム」の終焉を目撃した若者たちからの、「ユダヤ・キリスト教国家」としてのアメリカの伝統的価値観に対する異議申し立てとして生まれたライフスタイルであった。やがて、何も変わらないことに幻滅した若者たちは、そこから離れて

---

199 "Time on the Cross," *New York Magazine*, vol. 21, no. 34 (August 29, 1988), 50, 54.

200 "Clergy vs. Clergy On 'Temptation' Film," *Sacrament Bee* (August 18, 1988).

201 ここでいう「文化」とは、知識、信念、芸術、道徳、法律、習慣、その他、社会の一員としての人間が獲得したあらゆる能力や習性を含む集合体のことを意味している。Edward Burnett Tylor, *Primitive Culture: Researches into the Development of Mythology, Philosophy, Religion, Art, and Custom* (John Murray, 1871), 1.

いき、そうしたカウンター・カルチャーの対立軸として、ビル・ブライトのCCCに見られるようなキリスト教福音派が登場する。CCCは保守的な神学を保持しながらも、特にポップ・ミュージックを中心としたコンテンポラリーな宣教のスタイルを伴って、カウンター・カルチャー世代の取り込みに成功していったのである。

　こうした一連の出来事の背後には、アメリカでの伝統的価値観の回復を望むキリスト教右派や新保守派と、そこから自由でありたいと願うリベラル派との間の対立構造があり、1990年代初頭になると、それは政治、社会を巻き込んだ「文化戦争」へと発展していくのである。スコセッシの『最後の誘惑』をめぐるふたつのグループの対立は、その宗教をめぐる異なる価値観の衝突が顕在化した最初期の出来事であった。

　この「文化戦争」という言葉は、共和党の政治家で保守派のパトリック・ブキャナンが最初に用いたものだが、彼はこの言葉を、アメリカの伝統に対する脅威からの防衛という主旨で用いた。この「文化戦争」で論争の的になっている主要なトピックは、人工妊娠中絶、同性婚、公立学校での祈禱の再開などである。統一国家であるにもかかわらず、多様な価値観が林立することによってアメリカという国家が解体することを恐れる人々は、そこに確固たる道徳規範を求めていったのである。キリスト教右派の人々にとってその規範とは、保守的なキリスト教信仰に他ならなかった。スコセッシの『最後の誘惑』は、まさに「文化戦争」を開戦させる格好の出来事だったのである。

　前章で述べたように、カウンター・カルチャー時代の映画で描かれた「人間としての弱さを伴ったイエス」は、保守派のキリスト教徒にもかろうじて許容された。それは、そうした映画の基本的なプロットが厳密な意味で聖書に忠実であったとは言えないまでも、依然として聖書を底本としていたからである。したがって、イエスがヒッピーであっても、ロック調の歌を歌っても、まだ容認されていた。しかし、女性と性的関係を持ち、

第5章　キリスト教右派の台頭

家庭を築くイエスを『最後の誘惑』で描いたことで、スコセッシは明らかに、保守派のキリスト教徒が持っていた文化的差異に関する許容値を一気に踏み越えたのである。それは、「神の子」であるイエスの肉体的純潔性を否定したという点で、連綿と受け継がれてきた宗教的伝統を決定的に破ることであり、保守派の人々にとっては侮辱とも受け取られるような行為であった。

　一方で、スコセッシがこの映画を自分にとっての祈りや礼拝として撮影したと述べているのは興味深い。プロットとしては聖書に忠実でありながら、どちらかと言えば興行的関心から製作されたカウンター・カルチャー時代のイエス映画よりもはるかに真摯な思いで、ひとりのカトリック信徒の信仰表現としてスコセッシはこの映画を撮影・公開したのである。しかし、映画という芸術表現の形式をとった信仰告白は顧みられることなく、「文化戦争」の保守サイドを担う人々は、それが明らかなアメリカの伝統的価値観からの逸脱であるとして、この映画を葬り去ったのである。

　こうして、プロダクション・コードが廃止された後のアメリカ映画界は、一見あらゆる束縛から自由になったかのように見えたが、実は彼らは「文化戦争」のただ中に巻き込まれ、結果的には、台頭してきたアメリカのキリスト教右派による「暗黙の検閲」を受けねばならなくなった。かつてないほどアメリカの社会に対して影響力を持つようになったキリスト教右派勢力は、圧力団体として大々的なロビー活動を行うことでアメリカ社会の倫理規範を整えようとしたのである。

第6章　終末思想とアメリカ映画
(1990-2000年代)

序

　2001年9月11日、テロリストにハイジャックされたアメリカの民間旅客機がニューヨークのワールド・トレード・センター（WTC）ビルに激突するという前代未聞の自爆テロが起きた日を、アメリカの報道機関は一斉に「すべてが変わった日」と報じたが、事実、この事件を境に国際社会におけるパラダイム・シフトが起きた。これまでの戦争や紛争が国単位の対立によって起きていたのに対し、9.11のテロ事件以降は、宗教を対立軸として起きるようになったのである。このことによってアメリカ社会は大きな変容を経験した。そして、娯楽産業界もその例外ではなく、アメリカのテレビ・映画産業は9.11以降、大きく変化していくのである。

　9.11以降に起きた宗教を軸にする対立構造は、アメリカ対テロ組織、あるいはユダヤ・キリスト教対イスラーム過激派という対立構造を顕在化させたのみならず、アメリカ国内では、キリスト教福音派を筆頭とする保守派と主流派教会、そして危機的状況でも強硬手段に訴えることを良しとしないリベラル派との間の対立を激化させることになったのである。

　また、9.11は、それを目撃した多くのアメリカ人に、間近に迫ってくる終末を強く意識させるようになった。それは、それまでハリウッドが作り出してきた、世界の破滅を題材にしたディザスター映画が描き出す様々な崩壊のシーンと、倒壊していくWTCビルの情景が、人々の目には酷似したものとして映ったからである。ハリウッドでは1990年代から、観る者に世界の終わりを意識させるようなディザスター映画が次々と作られるよ

うになる。この背景には、アメリカのキリスト教福音派の人たちの間に芽生えていた差し迫った終末に対する信仰も少なからず影響を与えていたのである。世の終わりが近いという福音派の人々が持つ終末思想は、他のキリスト教的な背景を持つ国で製作される映画からアメリカ映画を際立たせている要素であり、それは、崩壊する世界を映像を通して繰り返し描いてきたアメリカ映画の特殊性を生み出しているのである。

　本章では、まず9.11後のアメリカ政府とハリウッド映画界の反応、そして9.11以降の映画表象における変化を分析する。その上で、9.11の情景を目の当たりにした人々に即座に「世界の終わり」を予感させるほどに、それを観る人々に終末論的イメージを刷り込んできたハリウッドのディザスター映画について分析し、ハリウッドのディザスター映画が内包する終末観とはどのようなものであるかについて、ユダヤ・キリスト教的終末思想とキリスト教福音派との関係を軸に考察を試みたい。

第1節　9.11以降のアメリカ映画

1-1　「対テロ」戦争とハリウッド

　2001年9月11日に起きたアメリカの同時多発テロは、一般市民3000人もの犠牲者を出した。この未曾有の大惨事は、もはや誰もが無差別暴力から安全ではいられないということを人々に知らしめたのである。テレビのニュースで繰り返し映し出された崩壊するWTCビルの映像は、人々がいまだかつて映画の中でしか見たことがなかった大規模な都市の崩壊を現実のものとした。

　神学者のマーク・D・トンプソンは *The Consolations of Theology* の中で、「おそらく21世紀の初めに、絶望を表す最も強烈なイメージは、芸術、または文学、あるいはポピュラー音楽の中には見られないだろう。それは、た

だ1枚の写真の中に見ることができる。その写真とは、AP通信の写真家であるリチャード・ドリューによって2001年9月11日午前9時41分に撮影された、『落ちる男』(The Falling Man) として世界中に知られているものである」[202]と述べている。「落ちる男」とは、9.11同時多発テロ発生当時にWTCにいた男性が、もはや助からないことを悟り、ビルから飛び降りて落ちていく姿を捉えた1枚の写真である。「落ちる男」の、これ以上どうしようもない状況下での最終的な判断を捉えた1枚の写真は、この男性ひとりの絶望感を内包するに留まらず、この写真を見た人々に言い知れない無力さを感じさせるものである。まだ生きてはいるものの、すでに死が回避不可能であることが確定している人間の姿を映したこの写真は、テロが発生した翌日の新聞で大々的に取り上げられ、一瞬にして世界中に9.11のテロがもたらした凄惨さを知らしめることになったのである。

一方でトンプソンは、「自爆テロ犯もまた『絶望』が生み出した社会の犠牲者」であるとし、9.11を契機に「アメリカ対テロリスト」あるいは「ユダヤ・キリスト教対イスラーム」という単純な対立構造をアメリカ社会が構築してしまったことは、9.11以降の宗教間対立を深刻化させる大きな転換点となったと指摘する[203]。トンプソンが指摘するように、確かに9.11以降、アメリカ社会は急速に右傾化し、「神の国アメリカ」対イスラームのテロ組織という二元論的対立構造を作り出してきた。そしてハリウッドもまた、時のアメリカ政府に迎合・協力するかたちで、自分たちが生み出す映画によってその対立構造を世界に周知させる役割を担ったのである。

第二次世界大戦中にハリウッド映画業界がアメリカ政府に協力してきたことはすでに第2章で述べたが、9.11以降の「対テロ戦争」でも、政府の

---

202 Mark D. Thompson, "Luther on Despair," in *The Consolations of Theology*, ed. Brian Rosner (Wm. B. Eerdmans Publishing, 2008), 52-53.

203 Ibid., 53-54.

要請を受けた大手ハリウッド映画会社は、それぞれの代表を集めて戦時委員会（wartime committee）を発足させ、政府を支援している。テロ事件発生からちょうど2カ月目にあたる11月11日には、ブッシュ政権において大統領の側近の中で最重要人物と目されるカール・ローブ次席大統領補佐官兼大統領政策・戦略担当上級顧問を招集者として、アメリカ映画協会（MPAA）の会長であるジャック・ヴァレンティやパラマウントなどの映画製作会社の重役たちを交えた協議が行われた。このことを *Variety* 紙は「政治家たちはハリウッドに橋をかけた」という見出しで報道している[204]。政府から具体的にどのようなコンテンツの発信が必要とされているのかという指示は出されなかったものの、カール・ローブを中心にした協議では、ハリウッドが以下のような内容を国内外に伝えることを政府側が期待していると伝えられた[205]。

○ 対テロ・キャンペーンは対イスラーム戦争ではないこと
○ アメリカのために奉仕する機会が与えられていること（兵役の呼びかけ）
○ 米兵やその家族に対する支援が必要であること
○ 9月11日に受けた攻撃は、文明に対する攻撃であり、全世界的な対応が必要であること
○ 子どもたちに対する安全性が再保障されなければならないということ
○ 対テロ・キャンペーンは悪に対する戦いであるということ

204　*Variety* (November 12, 2001).

205　"Hollywood Considers Role in War Effort," CNN のウェブサイト（2001年12月11日）参照。http://articles.cnn.com/2001-11-11/us/rec.hollywood.terror_1_war-effort-hollywood-community-families-need-support（アクセス日：2012年1月10日）

第6章　終末思想とアメリカ映画

　また、より早い対応が求められるテレビ業界に関しては、その約1ヵ月前の10月17日に政府高官が約30社のテレビ局代表を集めて協議を行っている。映画業界に対するのと同様に、テレビ局側が製作する内容に対して政府から具体的な要望があったわけではないが、2時間に及ぶ協議の中では、第二次世界大戦中に映画監督のフランク・キャプラが政府に協力して多数のプロパガンダ映画を作ったことについて何度も触れられ、ハリウッドは過去にも政府のメッセージを伝達することに協力的だったという説明がなされたと言われている。[206] このテレビ局の代表を集めた会議は、アメリカがアフガニスタンに対する攻撃を始めた10日後に開かれたこともあり、その中でアメリカの対外的イメージをできる限り損なわないための対策が検討された。会議に参加した大統領芸術人文科学委員会（President's Committee on the Arts and the Humanities, PCAH）[207] のライオネル・チェトウィンド会長は、「会議の席では、もし世界の半分が我々を凶悪なサタンだと見なすようなことがあるなら、それは何かが間違っているわけであり、我々はそれを正したい、という雰囲気が漂っていた。アメリカ人としての我々は世界中に正しいメッセージを伝えることに失敗しているような気がしたのだ」と Washington Post 紙に語っている。つまり、この会議の席上ではテレビ放送に対する政府からの具体的な指示やその映像コンテンツに関して検閲を行うというようなことは明らかにされなかったが、テレビ・映画界が政府に協力し、国外に対してはアメリカのイメージ・アップを図ること、そして自国民に対しては彼らの愛国心を強化するようなメッセージを発信

206　*Washington Post* (November 20, 2001).

207　政府の政策に文化と芸術性を組み込むための助言を行う他、大統領のポジティブなパブリック・イメージの促進なども行う、大統領にとっては重要な機関。レーガン元大統領によって1982年に設立されて以来、PCAHの名誉会長には代々ファースト・レディーが就任している。

することが暗に期待されたのである。

これらの会議を経て11月16日には、MPAAのジャック・ヴァレンティを代表にして、テレビ・映画界の重役を集めた戦時委員会（Wartime Committee）が組織され、次のようなことが話し合われた。[208]

○ 国民に向けた宣伝や公共広告
○ 海外、特に中東の視聴者に向けられた公共広告や情報の伝達
○ 米国慰問協会（United Service Organizations, USO）[209]への支援手段
○ 米軍への娯楽番組の配給
○ 音楽業界からどのような援助が得られるか

以上のような課題に取り組むため、ヴァレンティが指揮する戦時委員会の下にはさらに複数の小委員会が作られたが、テレビ・映画両業界の大手はこぞってこの委員会に参加することを望んだ。なぜなら、かつてクリントンの民主党政権下ではハリウッドと政府の関係は円満であったが、共和党のジョージ・W・ブッシュが政権を握ると政府は一気に保守化し、民主党員が多いハリウッドと政府との距離は大きく開いてしまっていたからである。しかも、テロが起きる1年前の2000年9月には、連邦取引委員会（Federal Trade Commission, FTC）が、ハリウッドの娯楽産業が暴力を助長するような内容の映画や成人向けの映画を子どもたちの目にさらしているとした調査結果を公表し、MPAAのヴァレンティは窮地に立たされていたのである。そのような政府とハリウッドとの間の冷えきった関係は、9.11のテロ事件を契機に一気に解消されることになり、互いに協力し合うことは

---

208 *Variety* (December 3, 2001).
209 民間のNPO団体で、米軍従事者向けの娯楽番組を製作している。

政府にとってもハリウッドにとっても都合の良い展開となったのである[210]。

1-2 9.11以降のアメリカ映画の変化

　国家的危機に際して戦時委員会を立ち上げ、政府への協力を快諾したハリウッドではあったが、一方で、9.11における大規模なテロ事件はそもそもハリウッドのブロックバスター映画（巨額な製作費・宣伝費を投入した野心的な超大作映画）の影響によって引き起こされたと見なす意見も少数ではあるが存在している。確かにハリウッド映画によって、フィクションであるはずの映画と現実世界との境界線が曖昧にされてきたという側面はあるだろう。実際、アメリカ政府はハリウッドの映画製作者や脚本家に、今後起こり得るテロ攻撃のシナリオについて意見を求めているのである[211]。また、9.11に起きたテロの映像をイラクで見ていたサダム・フセインですら、「初めてアメリカで起きているテロ事件の映像を見た時、最初はまたいつもと同じようなアメリカ映画の映像なんだろうと思っていた。後になって、あれが実際に起きている映像であると知ったんだ」と述べたとされている[212]。ブロックバスター映画が直接テロ行為の引き金になったと明言することはできないが、確かに2機の民間飛行機がWTCに突入する映像や、炎上して崩れ落ちるビルの映像は、それを目撃した多くの者にとって、現実というよりも「まるで映画の世界が本物になった」ように受け止められたのである。

　映画監督のロバート・アルトマンは、ハリウッド映画の責任についてさ

210　*Variety* (December 3, 2001).

211　Hanna Wallinger, *Transitions: Race, Culture, and the Dynamics of Change* (LIT Verlag, 2006), 55.

212　Wheeler W. Dixon, *Film and Television After 9/11* (Southern Illinois University Press, 2004), 145.

らに厳しく非難している。ハリウッド映画こそ若者やテロリストに可能な限りの暴力行為のインスピレーションを与えていると、以下のようにBBCニュースのインタビューでコメントしている。

　　あのような残虐行為は、映画でも見ていない限り、誰にも思いつかないはずだ。暴力的なブロックバスター映画が彼らに方法論を教えたわけであり、ハリウッドは映画の娯楽として大量殺戮を見せることをもう止めなければならない。映画がパターンを作り出して、彼ら（テロリストたち）はそれをコピーしただけなんだ。[213]

　アルトマンは、派手なアクションや爆薬を使った映画は主に若い観客向けに作られたものであり、暴力行為の訓練的役割を果たしていると指摘し、ハリウッドがかつて製作していたような人間の感情やドラマを扱った「成熟した」映画を製作していかなければならないと述べている。
　一時期は、国民感情を刺激しないためにも、アルトマンが危惧するような種類の映画は公開されなかった。9.11後すぐに、45本の映画が公開や製作を延期されたり、キャンセルされたり、あるいは計画そのものが中止されたりしている。例えば、アーノルド・シュワルツェネッガー主演の『コラテラル・ダメージ』（Collateral Damage, 2002年）は、コロンビアのゲリラ組織が、敵対関係にあるコロンビア政府やアメリカ政府の要人を狙ってテロ攻撃を行う凄惨なシーンがあるため、公開が数カ月延期された。同じように、1950年代のベトナムにおける民間人に対するテロ行為が映画のプロットに含まれている『愛の落日』（The Quiet American, 2002年）は、そ

213　Hollywoos 'Inspired US Attacks,' BBC News のウェブサイト（2001年10月17日）参照。http://news.bbc.co.uk/2/hi/entertainment/1604151.stm（アクセス日：2012年1月10日）

第6章　終末思想とアメリカ映画

のテロ行為にアメリカのCIAが関わっているというストーリー展開のため、1年近くも公開が延期された上に、大規模な宣伝をすることもできなかった。そのため、ほとんど話題にはならず、短い公開期間で上映が打ち切られている。

その一方で、ソマリアで起きた米軍とゲリラとの戦いを描いた『ブラックホーク・ダウン』(Black Hawk Down, 2001年）は、米国民の愛国心を高揚させることが期待できるため、当初予定していた時期よりも早めて、テロが起きた同年12月末に公開されている。"Leave No Man Behind（誰も置き去りにしない）"というキャッチコピーで、ソマリアで戦う米兵たちの強い絆を描いたこの作品は、興行的にも大きな成功を収めたのみならず、映画評論家からも好意的な評価を得ている。中でも USA Today の映画評では、「（この映画は）予測し得ない惨事の中でも、プロ意識を持って戦う米軍のデルタ・フォースを賞賛している[214]」と述べた上で、この映画が公開されたタイミングについて言及すると共に、「対テロ戦争」の現場で戦っている米軍兵士たちのことを読者に想起させている。

この映画で重要なのは、舞台がコロンビアやベトナムなのではなく、ソマリアであるという点である。ソマリアはイスラームを国教とし、国民の95パーセントがムスリムであるが、そこで米軍がソマリアの民兵や一般市民の手によって残虐に殺されてしまうシーンがある。ハリウッドで製作されたこの映画では、米軍側のストーリーがそのすべてであり、ソマリアの市民は皆、名前もなく、性格描写も乏しい。彼らはただ粗野で暴力的なムスリムの集団として描かれているのである。この映画は、9.11以降、ムスリムを「集団的悪」として描いた最初のハリウッド映画である。このよう

---

[214] Mark Clark, "'Black Hawk' Turns Nightmare Into Great Cinema," USA Todayのウェブサイト参照。http://www.usatoday.com/life/enter/movies/2001-12-28-black-hawk-down-review.htm（アクセス日：2012年1月10日）

に9.11以降、ハリウッド映画におけるムスリム描写には少なからず偏見が伴い、「テロリスト」「悪者」といった一元的でステレオタイプ化された描き方になっていく。[215]

1-3 メル・ギブソンの『パッション』

冷戦終結以降、アメリカは確固たる「他者」あるいは「敵」を失っていたが、9.11以降はイスラーム過激派という「他者」そして「敵」を得て、再びアメリカのふたつのモットーのように、神の下に（In God We Trust）、多様である国民がひとつになる（E Pluribus Unum）ことが要請されるようになる。

そのような状況の中で、キリストの受難という、歴代の監督が挑んで失敗してきたデリケートなテーマを扱っているにもかかわらず、例外的に大成功を収めたのが、2004年にメル・ギブソンが監督した映画『パッション』（The Passion of the Christ）である。

ギブソンは、第2ヴァチカン公会議で決定されたリベラルな政策を受け入れない保守的なカトリック信徒で、この映画に登場するユダヤ人は、これまでの映画の中で最も悪く描かれている。その一方で、ローマ総督のピラトや一部のローマ兵は好意的に描かれているのである。[216] それゆえ、この映画はまずもって製作段階から「反ユダヤ主義的」な映画との非難を受け、さらにその激しい暴力描写によりR指定を受けることになる。このような要因により、この映画も、失敗を続けてきた過去のイエス映画と同

215　Helena Vanhala, *The Depiction of Terrorists in Blockbuster Hollywood Films, 1980-2001: An Analytical Study* (McFarland, 2011).

216　Melanie J. Wright, *Religion and Film: An Introduction* (I.B. Tauris, 2007), 168.

第6章　終末思想とアメリカ映画

じ運命をたどるかのように思われていた[217]。

　しかし、聖書を題材にした映画の権威であるセシル・B・デミルがかつて自分の映画を製作するにあたり、プロテスタントの牧師やカトリックの司祭をアドバイザーとして雇ったように、ギブソンもこの映画を全米で公開する前には、社会的影響力を持つ宗教家、特に福音派の牧師を味方につける戦略をとったのである[218]。ギブソンはヴァチカンで事前試写会を開き、アメリカ国内ではメガ・チャーチを借りて福音派に属する牧師およそ5000人を集めた試写会を開いている[219]。そこではギブソンが自身の信仰について語り、試写会を訪れた人々に25万枚の映画宣伝用のDVDを配布している。カリフォルニアのサンタ・モニカで行われた牧師向けの事前試写会には、アメリカで最も有名なメガ・チャーチであるサドルバック・チャーチのリック・ウォーレン師や、礼拝出席者が毎週2万人を超えるシカゴのウィロー・クリーク・コミュニティー・チャーチのビル・ハイベルズ師などが出席している[220]。このように、映画公開前に福音派の牧師や信徒を味方につけたことにより、各地で起きていた抗議や非難の声は公開後すぐに沈静化し、『パッション』は世界中で大ヒットしたのである。

　この映画の成功の鍵は、大きな力を持つ福音派教会への周到な配慮と、9.11以降のアメリカの時代精神にあったと言えるだろう。ギブソンの描く、厳しい拷問に耐えて人々の罪の贖いとして十字架にかけられるイエスは、

217　J. Stephen Lang, *Bible on the Big Screen: A Guide from Silent Films to Today's Movies* (Baker Books, 2007), 269.

218　Doherty, *Hollywood's Censor: Joseph I. Breen and the Production Code Administration*, 43.

219　Tatum, *Jesus at the Movies: A Guide to the First Hundred Years*, 211.

220　Mary C. Boys et al., *Perspectives On the Passion of the Christ: Religious Thinkers and Writers Explore the Issues Raised By the Controversial Movie*, 1st ed. (Miramax Books, 2004), 219-220.

まさに9.11後の「多民族国家アメリカ」で求められていた国家統合のための「国民的象徴」だったのである。

第2節　終末論的ディザスター映画

2-1　ユダヤ・キリスト教的価値観によるディザスター映画

　ハリウッド映画の描写する暴力が世間に及ぼす影響について映画監督のロバート・アルトマンが懸念を示したことはすでに述べたが、倒壊するWTCビルの映像を見た人々が深い絶望感を覚えたのは、ひとつには、それがハリウッド映画で描かれてきた世界の終わりの情景にあまりにも似ていたからであった。確かに世界の終わりを描いたアメリカ映画は多数ある。加えて、アメリカ映画におけるディザスター（大惨事）と、それに伴う世界の終わり（終末）は様々な要因によって訪れるのである。それは隕石の墜落や、エイリアンやゾンビの襲撃、自然災害、疫病の蔓延、あるいは世界戦争、核爆発であったりする。しかし、なぜ他のキリスト教的背景がある国で製作される映画と比べて、アメリカ映画だけが際立って頻繁に崩壊する世界を描いてきたのであろうか。この理由を探るため、終末的ディザスター映画と聖書における終末思想について見ていきたい。

　世界の終わりを描いた映画は大きく「ディザスター映画」（日本で言うパニック映画）というジャンルに分類されるが、時として「黙示録」「終末論」というキリスト教用語を用いて「アポカリプティック・ムービー」(apocalyptic movie、黙示録的映画)、「エスカトロジカル・ムービー」(eschatological movie、終末論的映画)、あるいは「最後の審判」を描いた映画を意味する「ドゥームズデイ・ムービー」(doomsday movie)などとも呼ばれる。

221　Dixon, *Film and Television After 9/11*, 142-143.

第6章　終末思想とアメリカ映画

　これらの名称からも分かるように、アメリカ映画で描写される「世界の終わり」とは、概してキリスト教的、あるいはユダヤ教も含めて聖書的な終末の到来がイメージされているのである。

　アメリカのクリスチャン人口は年々減少傾向にあるとはいえ、2011年のギャラップ調査によると、人口の約75パーセントがクリスチャンであり、ユダヤ教徒も含めると実に約77パーセントが聖書を聖典とする宗教に属している[222]。つまり、人口の約77パーセントは何らかのかたちで「世界の終わり」をユダヤ・キリスト教的価値観、あるいは聖書的終末観で捉えていると考えられる。

　1950年代から2000年代までの各年代で劇場公開されたディザスター映画の代表的な作品をまとめたものが次ページの表である（図25）。すべてのディザスター映画を網羅しているわけではないが、年代ごとに見ると、それぞれ終末の原因が違うことが分かる。世界の終わりとしてのディザスターが起こる発端は、先述したものの他に、冷戦時代では、核戦争による人為的な終末を描いたものが多い。それ以降の時代になると、自然災害などの人間の力ではどうしようもできないような理由によって訪れる終末が描かれるようになるのである。

2-2　ディザスター映画の時代的変遷

　ディザスター映画は、SF映画やアクション映画などのジャンルとも一部クロスオーバーする部分はあるものの、特に「世界の終わり」に関連したディザスター映画がアメリカで興隆したのは1950年代からであった。

　1950年代にアメリカで公開された主なディザスター映画としては、『地球の静止する日』『地球最後の日』『宇宙戦争』『渚にて』などが代表的な

222　ギャラップ調査のウェブサイト参照。http://www.gallup.com/poll/1690/Religion.aspx（アクセス日：2012年3月29日）

タイトル	原題	製作年	終末の原因
地球の静止する日	The Day the Earth Stood Still	1951年	エイリアン
地球最後の日	When Worlds Collide	1951年	隕石
宇宙戦争	The War of the Worlds	1953年	エイリアン
渚にて	On the Beach	1959年	核戦争
タイム・マシン 80万年後の世界へ	The Time Machine	1960年	核戦争
地球最後の男	The Last Man on Earth	1964年	疫病
地球は壊滅する	Crack in the World	1964年	自然災害
ナイト・オブ・ザ・リビングデッド	Night of the Living Dead	1968年	ゾンビ
地球最後の男オメガマン	The Omega Man	1971年	疫病
ソイレント・グリーン	Soylent Green	1973年	自然災害
世界が燃えつきる日	Damnation Alley	1977年	核戦争
ゾンビ	Dawn of the Dead	1978年	ゾンビ
ニューヨーク1997	Escape from New York	1981年	戦争
テスタメント	Testament	1983年	核爆発
ターミネーター	The Terminator	1984年	核戦争
ブロブ──宇宙からの不明物体	The Blob	1988年	エイリアン
アウトブレイク	Outbreak	1995年	疫病
12モンキーズ	12 Monkeys	1995年	疫病
アルマゲドン	Armageddon	1998年	隕石
ディープ・インパクト	Deep Impact	1998年	隕石
デイ・アフター・トゥモロー	The Day After Tomorrow	2004年	自然災害
地球が静止する日	The Day the Earth Stood Still	2008年	エイリアン
ノウイング	Knowing	2009年	自然災害
2012	2012	2009年	自然災害

（図25）各時代における代表的なディザスター映画と、その終末が訪れる原因

作品として挙げられる。50年代にはアメリカで宇宙開発が進んだことや、第二次世界大戦後の旧ソ連との緊張関係の高まりもディザスター映画に影響を与えているだろう。この頃に終末到来のシナリオとして想定され始めるようになったのが、エイリアンの地球襲来と核戦争である[223]。しかしながら、この頃のディザスター映画は今日のようなスペクタクル巨編ではなく、むしろ迫り来る世界の終わりを前にしたヒューマン・ドラマ的様相を呈している。したがって、1950-60年代の終末的ディザスター映画は数本が評価されたものの、同時期に製作された聖書を題材にした『聖衣』『ベン・ハー』などの聖書娯楽大作に比べると、特に時代を超えて注目を浴びるようなものではなかった[224]。

　1950年代からアメリカでディザスター映画が多く製作されるようになったことは先に述べたが、最も盛んに製作され始めたのは70年代である。特撮技術が向上したことも大きいが、68年にプロダクション・コードが廃止され、レイティング・システムに変わったこともこの傾向に貢献している[225]。68年以前、映画はプロダクション・コードによって脚本段階から厳しく検閲を受け、現代のディザスター映画では当たり前のような以下の描写が当時の映画では禁止されていた。そのため、大惨事が起こって大量の死者が出るような映画の製作は困難であった[226]。

223　Michael S. Northcott, *An Angel Directs the Storm: Apocalyptic Religion and American Empire* (I. B. Tauris, 2004), 9-10.

224　Glenn Kay and Michael Rose, *Disaster Movies* (Chicago Review Press, 2006), 2-3.

225　Robert K. Johnston, *Reel Spirituality: Theology and Film in Dialogue*, 2nd ed. (Baker Academic, 2006), 49.

226　Doherty, *Hollywood's Censor: Joseph I. Breen and the Production Code Administration*, 351-355.

○ 殺人（プロダクション・コード I-①）
○ 過度な銃器の使用（プロダクション・コード I-②(c)）
○ 拷問（プロダクション・コード XII-②）
○ 残忍行為、ならびにその他の凄惨な行為（プロダクション・コード XII-③）

　1970年代からハリウッドではディザスター映画が次々と製作されるようになったが、この頃の作品は飛行場や船の中で惨事が起きるという設定が主流であった。50年代に作られた作品のような終末的思想は薄く、むしろアクション的要素が強かったのである。終末を描いたディザスター映画に映画製作者たちが再び注目するようになるのは90年代以降である。これは、ミレニアムを迎えるという節目としての終末観の影響もあるが、もうひとつの理由としては、キリスト教福音派の持つ終末思想が一般に浸透したことにも遠因があると指摘する者もいる[227]。

2-3　映画『地球が静止する日』に見る終末観と教訓物語

　終末を描いた映画が1990年代以降とそれ以前とではどのように違っているのかを、『地球が静止する日』(The Day the Earth Stood Still) という映画を例に見ていきたい。この映画は、1951年に公開された後、2008年にリメイクされたものである。

　ある日、クラートゥ (Klaatu) という名のエイリアンが銀色の人型ロボットを携えて、人類を滅ぼすかどうかを審判するために地球へやって来る、という物語である（図26）。1951年版では、全編を通して話の展開はやや緩慢で、ロボットやエイリアンを中心としたアクションはほとんどない。むしろ、軍や政府などの意思決定機関に属する人々が、突然訪れた地球の危

227　Richard Allen Landes, *Heaven on Earth: The Varieties of the Millennial Experience* (Oxford University Press, 2011), 5-6.

第6章　終末思想とアメリカ映画

機に際して会議室で協議を重ねる場面がほとんどである。ゴート（Gort）と呼ばれる銀色のロボットは目から光線を出す能力を持つものの、この光線は人間の武器を消滅させるものであって、戦闘のためのものではない。むしろ1951年版の物語の筋立ては、クラートゥと、第二次世界大戦で夫を

（図26）銀色のロボットのゴートとエイリアンのクラートゥ

失った女性ヘレンとその息子ボビーとの関係性のほうに焦点が当てられており、母子との交流によって宇宙人が人類の良さを知ることが主題である。

　一方、2008年にリメイクされた映画はほぼ同じプロットで作られているものの、宇宙からやって来たクラートゥとゴートの権威に焦点が当てられている。特に1951年版よりも強大なものとなったゴートの破壊力が強調され、ゴートは米軍からの攻撃に対して容赦なく反撃し、最後には黒い嵐に姿を変えて地上のあらゆるものを一掃し始める。また、2008年版で特別に加えられた注目すべき要素は、クラートゥによってもたらされた球状の物体である。この中には人類以外のあらゆる生き物が収容されており、地上のあらゆる生命を滅ぼした後に放たれることが予定されている。この球体の存在は、明らかに旧約聖書に出てくる「ノアの箱舟」から着想を得たものである。あらゆる生物の雄雌一対が洪水から免れるために箱舟へ乗せられたように、映画『地球が静止する日』でも、地球上から人類を一掃した後、新しい地球の生態系を作るべき生物が球体の中に収容されている

のである[228]。

　そもそも、人類が天の意志に反した行動をとったために裁かれ、滅ぼされる運命に置かれているというこの映画のストーリー自体が、聖書に由来する発想であることは、1951年版にせよ2008年版にせよ明白である。時代によって描き方のスケールに大小の差はあるものの、神の裁きを全うするエイリアン（使者）が、人間の愛に触れて人類の滅亡を思い留まり、引き続き人類が過ちを犯さないよう宇宙（天）から監視を続けるという物語の構造は同じである。さらに言うと、クラートゥとゴートはより「上位の権威」によって地球に遣わされという設定になっているが、この「上位の権威」とクラートゥとゴートとは、キリスト教的な概念で言う三一の神（三位一体の神）の関係にある。さしずめ、上位の権威は「父」であり、人型エイリアンのクラートゥは「子」、破壊ロボットのゴートは「聖霊」であろう。聖書的な設定は他にもある。例えば、1951年版で殺害されたクラートゥをゴートが生き返らせた時、夫に先立たれたヘレンが「（ゴートには）生死を操る力があるの？」とクラートゥに尋ねるシーンがあるが、その問いに対しクラートゥは、「その力は全能者（almighty Spirit）によって委譲されている」と答えている。あるいは、クラートゥが人の姿を借りて地球に訪れたり、死んだ人間を生き返らせたりするなど、キリスト的な描き方をされている[229]。

　なお2008年版は、より世界の終わりの訪れを意識させるかのように終末のシナリオが明確化されている。1951年版では、エイリアンとロボットが地球人に同情的であったのに対し、2008年版では、最後に地球上から

228　Fred Van Dyke, *Between Heaven and Earth: Christian Perspectives on Environmental Protection* (ABC-CLIO, 2010), 57-58.

229　Robert Torry and Paul V.M. Flesher, *Film and Religion: An Introduction* (Abingdon Press, 2007), 52.

人間を一掃するプロセスがゴートによってスタートされてしまうのである。しかも、1951年版の映画は、オカルト的なB級SF映画という位置づけであったのに対し、この2008年版は、メジャーな劇場で大々的に上映されたディザスター映画であった。そのことからも、ユダヤ・キリスト教的な終末観がアメリカ社会でいかに意識されていたのかがうかがえる。

第3節 キリスト教福音派の終末思想とその映画に与える影響

3-1 福音派の人々の差し迫った終末観

福音派の人々が終末の訪れを明確に意識するようになったのは、1967年に起きた第三次中東戦争以後である。イスラエルがガザ地区やシナイ半島に侵攻して領土の拡大を果たしたことにより、キリストの再臨が近いと考えるようになったのである[230]。すなわち、48年のイスラエル建国から67年の領土拡大に至る出来事で、聖書（申命記30：3-5）に書かれているイスラエル回復の預言が成就され、いよいよ終末が目前に迫っていると見なしたのである。

実のところ、ピュー・リサーチ・センターによる2010年に行われた世論調査によると、アメリカ人の41パーセントの人は、2050年までにイエスが再臨し、終末が訪れると信じているという結果が出ている。この「2050年までに」というのは、「今この瞬間から2050年までに」という意味であり、それがいつなのか明確には分からないという点で、予断を許さない緊迫性を帯びている。中でも、白人の福音派の人々の58パーセントが差し迫った

---

230 Gleason L. Archer, *Three Views on the Rapture: Pre-; Mid-; or Post-Tribulation Counterpoints* (Zondervan, 1996), 204-207.

	訪れる	訪れない	不明
合計	41	46	13
プロテスタント	54	32	15
白人福音派	58	25	16
白人主流派	27	58	15
カトリック	32	57	12
その他／含無宗教	20	72	8

(図27) 2050年までにイエスが再臨することを信じている人々のキリスト教信仰別統計

終末の訪れを信じているという結果が出ている(図27)[231]。

旧約聖書における終末観は、ダニエル書(9：24-27)やゼファニヤ書(3：8)などに見ることができるが、「世界の終わり」として最も人々のイマジネーションを搔き立てるのは、創世記6-9章に記されている「ノアの箱舟」の物語であろう。2008年の『地球が静止する日』と同様に、2009年に公開された映画『2012』も「ノアの箱舟」をベースにしており、大洪水によって地球が水の下に沈む危機に面し、人類が現代版の箱舟を建設するという筋立てである。

3-2 前千年王国説

新約聖書における終末観は、ヨハネの黙示録において最も詳細に記述されている。「イエス・キリストの黙示。この黙示は、すぐにも起こるはずのことを、神がその僕(しもべ)たちに示すためキリストにお与えになり、そして、キリストがその天使を送って僕ヨハネにお伝えになったものである」(1：1)という言葉で始まり、世の終わりがすぐにも起こることであると明示した

---

[231] Pew Research Center のウェブサイト参照。http://pewresearch.org/databank/dailynumber/?NumberID=1043 (アクセス日：2012年3月20日)

上で、それがどのようにして起こるのかが書かれている。ヨハネの黙示録における終末の訪れには、大まかに以下の6段階が示されている。

①キリストの死と復活（黙示録以前の出来事）
②キリストに結ばれた人々の携挙（3章）
③大いなる艱苦（15章）
④キリストの再臨（19章）
⑤千年王国の樹立（20章）
⑥最後の審判（20章）

　ヨハネの黙示録には、キリストが再臨して至福の千年間（千年王国）が到来することが20章に書かれているが、19章との前後関係でいつ千年王国が訪れるのか（キリスト再臨の前か後か）は定かでないのである。この千年王国をめぐってはふたつの理解が存在し、ひとつは、教会の努力によって千年王国が実現した「後」にキリストが再臨するという「後千年王国説」(postmillennialism)であり、もうひとつは、千年王国の「前」にキリストが再臨し、自ら千年王国を打ち建てるという「前千年王国説」(premillennialism)である。

　福音派、そしてファンダメンタリストの人々は後者の「前千年王国説」の立場をとり、「キリストの再臨」の前に訪れる「②キリストに結ばれた人々の携挙（3章）」を喫緊の問題として捉えている。前述した1948年のイスラエル建国から67年の領土拡大を経て、いよいよ次は「携挙」の段階が目前に迫ったと考えるようになったのである。

3-3　患難前携挙説とラプチャー・ムービー

　熱心なクリスチャンである福音派の人々にこの「前千年王国説」の考えを最初に与えたのは、かつてCCCでビル・ブライトなどと共に働いたハ

ル・リンゼイである。彼は1969年に出した *The Late, Great Planet Earth* というミリオンセラーになった本の中で、終末がどのように訪れるのかを記し、地球上に患難（アルマゲドン）が訪れる前に信仰に篤い者だけが天に挙げられるという「携挙」の考えを強調した（患難前携挙説）。しかもリンゼイは、この「携挙」が1988年に訪れると大胆にも予想したのである[232]。しかし、その年に「携挙」が起きなかったことから、後にリンゼイは予想を先延ばしにするが、リンゼイ以外にもテレビ伝道者のパット・ロバートソンなどが同様に「携挙」が近いことを主張しており、福音派の人々にとって「携挙」は差し迫った事柄なのである。

近年では、ビリー・グラハムのワールド・ワイド・ピクチャーズに代表されるキリスト教系映画プロダクション会社が多数設立されており、中でも最も注目を集めているのがクラウド・テン・ピクチャーズ（Cloud Ten Pictures）である。この会社は、牧師兼作家であるティム・ラヘイによって書かれ、アメリカで大ベストセラー・シリーズとなった『レフト・ビハインド』（*Left Behind*）を映画化しており、この映画は本と同様にアメリカの福音派キリスト教徒を中心に人気を博している。

『レフト・ビハインド』が話題を呼んだことから、「携挙」を扱ったラプチャー・ムービー（rapture movie）と呼ばれるジャンルの映画が1990年以降立て続けに、キリスト教系映画プロダクションや大手のハリウッド映画会社から公開された（The Rapture, 1991年、日本未公開、『ノウイング』Knowing, 2009年など）。キリストの再臨に際し、選ばれた人間のみがキリストと共に天に挙げられることを描くラプチャー・ムービーでは、いかに登場人物が敬虔であるのかが問われる。大手映画会社で製作される終末的ディザスター映画においても、生き残ることができる人間は限定されており、迫り来る終末の時に自己の利益を追求するような人間はことごとく救

232　Diamond, *Spiritual Warfare: The Politics of the Christian Right*, 134.

済から除外されているのである。

結

映画『レフト・ビハインド』は、そのタイトル通り、主人公の男性は「携挙」から取り残された者である。彼は妻子がありながらも別の女性に魅力を感じ、妻の語るキリスト教信仰には耳を貸さずに遠ざけていた。そして、ある日突然「携挙」が起き、妻子を失うのである。そこから主人公が信仰を取り戻していくまでの話が『レフト・ビハインド』の大まかなストーリーである。この『レフト・ビハインド』に代表されるような患難前携挙説の思想によって、助かる者／助からない者という境界線が明白に引かれるようになった。そして、キリスト教福音派、ファンダメンタリストたちは、1990年代に入って保守派とリベラル派の対立が「文化戦争」というかたちで顕在化する中で、「携挙」が起きた時に助かる側の人間は自分たちだと主張するのである。

別の見方をすれば、保守派対リベラル派の対立は、建国時のピューリタニズムとアメリカ独立時の民主主義という、アメリカを形成してきたふたつの思想が、現代のアメリカが多民族国家となった今、その変化にいかに対応するのかをめぐって生じた対立構造であるとも言うことができる。建国の精神にあるキリスト教的道徳観に基づいた社会へと回帰するのか（保守派／In God We Trustの側面）、あるいは、民主主義に基づく多様性を重視した社会の構築を目指していくのか（リベラル派／E Pluribus Unumの側面）、アメリカはなおも両者の対立姿勢を保ったままである。

終 章

　多民族国家として共通の過去を持たないアメリカは、自然発生的に形成された社会ではなく、目的意識によって形成された人工的な社会である。したがって、当事者であるアメリカ人にとっても、どの範囲までを「アメリカ的」と見なし、どの範囲から「非アメリカ的」であると定義するのか、その線引きは不明瞭なのである。アメリカが排除と受容という相対する二項概念の相克によって発展してきたその歴史は、アメリカ人の「我々」(We) を定義する線引きをめぐっての争いの歴史であったとも言える。建国初期の頃のアメリカ人にとっての「我々」とは、「白人のアングロサクソン系プロテスタント信徒」がその範囲であった。そして、「我々アメリカ人」を統合する宗教的価値観は、キリスト教プロテスタント教会とほとんど同義であった。そのアメリカに1800年代中頃、アイルランドやイタリアからカトリック系移民が流入してくると、プロテスタント信徒は自分たちこそが「真のアメリカ人」(native American) であると主張して彼らを排除したのである。

　アメリカの映画産業もその発展過程において、「我々アメリカ人」を定義するための線引きをめぐるポリティクスに翻弄されてきた。1890年代から1910年にかけて、白人のアングロサクソン系プロテスタント信徒であるトーマス・エジソンやエドウィン・S・ポーターを中心として開発が進められてきた映像技術が、やがて彼らの手からユダヤ系劇場主たちの手に渡るまでの過程を本書の第1章では概説した。白人エリート層の映画監督やプロテスタントの牧師の一部が映画をキリスト教の宣教道具として応用する方法を模索する一方で、ユダヤ系映画製作者たちは映画産業の中心を

ニューヨークからハリウッドへと移して巨大産業へ成長させたのである。
　しかし、彼らが作る映画によってアメリカ人の道徳律が乱されているとキリスト教界や女性団体から非難を受けるようになると、ユダヤ系映画製作者たちは真のアメリカ人としての地位を手に入れるため、ヨーロッパという旧世界から持ち込んだユダヤ系ヨーロッパ人としてのアイデンティティーを捨てて新大陸の価値観に迎合し、同化していく道を選んだのである。その極端な結果として、1930年代にハリウッドがすべての映画をキリスト教的価値観の上に製作していくことになるのであるが、その経緯を第2章で論じた。
　1930年代には、「非アメリカ人」から「アメリカ人」としての地位を獲得しつつあったカトリックの人々から、ハリウッドに対する抗議の声が上がった。そこでハリウッドのユダヤ系映画製作者たちは、政府機関による検閲を受けることを恐れて、映画業界内の自主検閲機関としてMPPDA（アメリカ映画製作配給業者協会）を設立し、その会長としてプロテスタント信徒のウィル・ヘイズを任命した。また、実際に検閲を行う組織としてのPCA（映画製作倫理規定管理局）には、カトリック信徒のジョセフ・ブリーンを局長として迎え、カトリックの価値観で書かれた映画界の十戒として、12項目からなる映画製作上の禁止事項を定めたプロダクション・コードを採用し、検閲を行うようになるのである。
　そもそもユダヤ系を中心にした移民の手によって発展を遂げたハリウッド映画産業は、容易に「非アメリカ人」の産業として攻撃される危険性を持っていた。そして、自分たちこそ真のアメリカ人であると信じる白人エリート層を中心にした者たちは、非アメリカ人として新大陸へやって来た移民がアメリカの成員として承認できる素質を擁しているのか、試そうとするのである。その最たるものが、本書の第3章に記した冷戦時代の「赤狩り」であった。「神を否定する共産主義」という圧倒的な「他者」を得たアメリカは、「我々」（we）を統合するものとして、神に対する信仰をア

終章

メリカ人の最大公約数として求めたのである。アメリカは共産主義という敵を意識する中で、国のモットーとして「我々が信じる神のもとに」（In God We Trust）というスローガンを正式に採用する。その風潮に合わせてハリウッドでは、聖書を題材にした娯楽大作が次々と作られるようになる。しかしその一方でハリウッドの移民たちは、アメリカの成員かどうかを判断する「踏み絵」としての「赤狩り」に加担することを余儀なくされたのである。この冷戦時代においてアメリカの宗教的価値観は、限りなくキリスト教に近いものでありながらも、より包括的なユダヤ・キリスト教的なものへと変容していくのである。

　しかしながら、アメリカ建国以来連綿と受容されていた伝統的価値観が次々と失われていく中で、「アメリカ人」「非アメリカ人」の線引きは、人種や宗教のみならず、保守派かリベラル派かという思想的立場による対立構造の中でも規定されるものへと変化していく。そのことを第4章から第5章にかけて述べた。アメリカ社会のリベラル化はやがて、アメリカの伝統的価値観の回復を望むキリスト教右派と新保守主義（ネオコン）の共闘を生み、そこから自由でありたいと願うリベラル派と主流派教会との間における深刻な対立構造を顕在化させた。そして、1980年代後半から90年代初頭になると、それは政治やメディアを巻き込んだ「文化戦争」としての様相を呈するようになる。この時代において、マーティン・スコセッシの映画『最後の誘惑』が作られたが、この映画をめぐるふたつのグループの対立は、「文化戦争」を開戦させる決定的出来事であった。この「文化戦争」の最も核の部分は、命の尊厳や家族観、性道徳に対する理解の差異にあるため、対話によって解決することはきわめて困難であり、両者の対立構造は現在もなお続いている。

　そのような状況下で起きた2001年9月11日の同時多発テロ事件を契機に、アメリカにおいて愛国心や排他的な伝統的価値観を標榜する保守勢力が力を増していくことになる。第6章では、イスラーム過激派、テロリストと

いう新たなアメリカの「敵」が現れたことにより、やがてアメリカは国際協調路線を廃するようになっていったことを述べた。そして、その背景には、1980年代からアメリカ社会の表舞台に登場したキリスト教福音派の人々が信じる「患難前携挙説」という独特な終末観と、その終末観に影響を受けたハリウッドのディザスター映画をはじめとするメディアの存在があった。この終末観と、超大国として「帝国化」したアメリカは、アメリカ対非アメリカの関係を、キリスト教対反キリスト、善と悪、という単純化された二元論的構図に当てはめ、もはや自国民のみならず世界市民に対しても、そのどちらの側に立つのかの選択を迫っているのである。

多民族国家として国民が「共通の過去」を持たないアメリカは、建国以前に戻る場所はなく、多民族を統合する「神」のもとにひとつになっていくことを目指しつつも、その進むべきベクトルは永遠の開拓者としての新しい地（フロンティア）である。そして、その開拓者としての精神を支えているものこそがアメリカ独自のキリスト教的価値観である。開拓時代から「神の国アメリカ」の領土を広げるという与えられた使命を全うするため、1980年代以降にキリスト教福音派の人々が選んだツールが映画というマス・メディアであった。ここにおいて彼らの開拓地は、もはや地域や国の境界線に縛られる必要はなかった。差し迫った「携挙」が起きることを念頭に置いている福音派の人々にとって、重要な聖書の教えのひとつがイエスの「大宣教命令」の言葉である。「わたしは天と地の一切の権能を授かっている。だから、あなたがたは行って、すべての民をわたしの弟子にしなさい。彼らに父と子と聖霊の名によって洗礼を授け、あなたがたに命じておいたことをすべて守るように教えなさい。わたしは世の終わりまで、いつもあなたがたと共にいる」（マタイ28:18-20）。そのことを実現するために、圧倒的な資金力をもとにして、自分たちの宗教的価値観に基づく映画を作るようになったのである。

以上、本書の第1章から第6章で示してきたことを再度概括した。

終　章

　アメリカでは確かに自由・平等・民主主義が基本理念であり、表現の自由は憲法修正第1条で保障されている。しかしながら、「非アメリカ人」である移民によって発展を遂げたハリウッド映画界は、彼らが真のアメリカ人としてアメリカ社会に受け入れられるため、そして興行収入がなければ成立しない映画という産業の性質上、キリスト教的価値観に基づく映画製作を求められてきたのである。また、そのように「手段」としてキリスト教的価値観が織り込まれてきた映画であったが、やがてキリスト教福音派の出現に伴い、次第にその「手段」が「目的」へと変容を遂げていった。このように、「自由の国」であるとされているアメリカで映画が誕生して約120年の間、映画界は常にアメリカ独自のキリスト教的価値観と隣り合わせにその歴史を歩んできたのである。そして現在も、一般的に表現の自由が守られていると見なされているアメリカ映画において宗教は強く影響力を及ぼし続けている。

　ここで注意しなければならないのは、アメリカ独自のキリスト教的価値観の影響を強く受けた映画を、これまで日本の観客も無批判に受け入れてきたという点である。2050年以内に終末が訪れることを、5人中ふたりが信じている国で作られた映画を、我々は単なる娯楽として消費し続けているのである。その善し悪しは別にして、日本の観客が無自覚的にアメリカ的価値観と同調し、アメリカ映画によって繰り返し提示される善悪二元論や終末観、そしてアメリカン・ヒーローに代表されるメシア観を取り込んでいる可能性は否定できない。

　国際政治学者ジョセフ・ナイは、アメリカの対外的な経済力や軍事力をハード・パワーとすると、文学や芸術、娯楽などの文化はソフト・パワーとして外交の役に立つと肯定的に捉えている[233]。その一方で、宗教哲学者

233　Joseph S. Nye, *Soft Power: The Means to Success in World Politics* (Public Affairs, 2004), xiii.

コーネル・ウェストは、メル・ギブソンの映画『パッション』に代表されるようなキリスト教保守派の思想を文化に乗せて広めようとすることは、現代風に洗練された帝国主義的風潮であり、それは「コンスタンティヌス的クリスチャン」の考え方であると批判している。「コンスタンティヌス的クリスチャン」とは、ローマ皇帝のコンスタンティヌス１世がかつてはキリスト教徒を迫害していたにもかかわらず、後にキリスト教を国教として制定した上で、他の宗教を迫害するための道具としてキリスト教を使ったように、自らが達成したいと欲する目的のためにキリスト教を利用する者のことを意味する。そしてウェストは、その対抗概念として「預言者的クリスチャン」を置くのである。それは、旧約聖書に登場する預言者たちのように、嘆き苦しむ民たちと共に苦しむ中で、神の御言葉を取り次ぐ役割を担う者のことである。自分たちだけが救われることを念頭に置いている「コンスタンティヌス的クリスチャン」に対し、神の国が愛する者たちの間に成就するものであることを信じる「預言者的クリスチャン」は、取るに足りないこの世的な名声を気にかけたり、天国に行けることを心配したりする必要はないのだと述べている。[234]

　しかしながら、今日メディアを大々的に利用したキリスト教右派などの保守勢力によってアメリカの独裁主義や好戦的軍国主義は正当化され、民主主義そのものが脅かされているとウェストは警鐘を鳴らしている。より持続可能な民主主義のためには、寛容と開放性を取り戻す必要があると主張し、アメリカの民主主義の精神を守る戦いは、概してアメリカのクリス

234　Cornel West, *Hope on a Tightrope: Words & Wisdom* (SmileyBooks, 2009), 64; Cornel West and David Ritz, *Living and Loving Out Loud: A Memoir* (Hay House, 2009), 100.

終 章

チャンの精神をめぐる戦いであるとウェストは説くのである[235]。

　それでは、日本においてアメリカのキリスト教と映画との関係を知ることの意味はどこにあるのだろうか。これは、例えて言うならば、アメリカから輸入された食品のパッケージに記載された「原材料」を見る行為に似ている。食の欧米化が進んで日本の人々の体型が変化してきたように、習慣的にアメリカの大衆文化に慣れ親しんできたことにより、日本に住む人々（特に若年層）の「心の習性」や価値観も変化してきたのではないだろうか。我々は、アメリカから持ち込まれたファストフードを食べ続けることは、その「原材料」から、身体に悪影響を及ぼすことが分かっている。一方で、映画に代表されるようなアメリカ文化の「原材料」については、主原料であるアメリカの宗教性を含めて、これまであまり注目されてこなかったのである。アメリカ映画を観る日本の観客も、自分たちがいったい何を「原材料」にして製作されたものを取り込んでいるのかを知り、吟味する必要はあるだろう。

　そして、この「原材料」を知ることは、絶えず変化し続ける現代の映画というメディアに代表される大衆文化と、それを受容する我々の間において、時を超越して生きて働かれる神がどこに立ち、我々に語りかけているのか、ということを模索することでもある。神は聖書という書物の中に硬直したまま留まっているのではなく、現代の我々の間に生きて働かれているのである。したがって本書は、絶えず変化するアメリカ映画とキリスト教の歴史の中に、瞬間的に立ち現れる普遍的な神の姿を探求したものであることを認め、本書の結びとしたい。

235　Cornel West, *Democracy Matters: Winning the Fight Against Imperialism* (Penguin Books, 2005), 146.

あとがき

　本書の出発点は、2012年春に同志社大学大学院神学研究科に提出した博士論文『アメリカ映画とキリスト教——110年の関係史に関する学際神学研究』である。書籍化にあたり一般の読者を想定して、読みにくい箇所は大幅に削って改変を加えている。

　キリスト教を軸にしてアメリカ映画を読み解くというこの研究は、博士論文の主指導教員であった森孝一先生（現・神戸女学院院長）の、宗教的観点からアメリカの政治や社会を読み解くという方法論を応用したものである。森先生の著書『宗教からよむ「アメリカ」』（講談社選書メチエ、1996年）は、私が学生の頃、本のページがバラバラになってしまうほど何度も読んだ。森先生はアメリカ留学時代にカリフォルニア大学の宗教社会学者ロバート・N・ベラーより指導を受け、多民族国家であるアメリカを統合するある宗教の存在について知ることになる。それはベラーが「アメリカの市民宗教」(civil religion) と呼んだものであるが、アメリカという国や国民にアイデンティティーや存在の意味を与える特定の宗教体系、あるいは価値の体系のことを意味している。森先生はそれを「見えざる国教」と呼んだ。この「見えざる国教」と呼ばれるアメリカ独自の宗教的価値観は極めてキリスト教に近いものであるが、アメリカの建国神話とその基礎となる聖書的伝統が一体となったものである。アメリカ建国当時はキリスト教のプロテスタントが「見えざる国教」として機能していた。現在ではその範囲は、より広義のユダヤ・キリスト教的価値観へと広げられている。したがって、合衆国大統領が有事に際して国民に団結を訴えるスピーチを行う場合、ユダヤ教とキリスト教の両方の聖典である旧約聖書から引用することが多い。また、スピーチの結びによく使用される「神よ、アメリカ

を祝福したまえ」（God Bless America）という言い回しや、「我々が信じる神のもとに」（In God We Trust）というアメリカのモットーには、ユダヤ・キリスト教に共通の神は登場しても、キリスト教の救い主であるイエス・キリストは登場しないのである。

　本書では、宗教的観点からアメリカを分析するという森先生の研究方法をお借りして、ユダヤ系移民の人々によって興されたアメリカ映画産業の歴史、そしてアメリカ映画そのものの中にいかにキリスト教が関わってきたのかについて紹介してきた。アメリカ映画産業の歴史の中にキリスト教が影響を及ぼした顕著な例は、1934年に施行された映画製作倫理規定に基づく検閲システムである。これは、ユダヤ系移民が興した映画界に対するキリスト教側からの反発がその発端であった。やがてアメリカ映画そのものの中にキリスト教的な価値観が反映されると、人々を救うアメリカン・ヒーローはおのずとイエス・キリストがモデルとなる。アメリカン・ヒーローは、イエス・キリストがそうであるように、常人以上の特別な能力を持つ一方、敵から苦しみを受け、時には人々から理解されずに思い悩むという人間的な弱さを持ち合わせているのである。さらに、映画の中でヒーローは自己犠牲的な行為によって生死をさまよったり、死んで復活したりする場合が少なからずあるが、これもイエス・キリストがヒーローの原型であることの所以であろう。例えば、本書で紹介した『波止場』（1954年）のテリー、『地球が静止する日』（1951年、2008年）のクラートゥ、あるいはMarvelやDCコミック原作の映画に登場するスーパー・ヒーローたちなどがそうである。また、世界の終わりを意識したディザスター映画が多いことも、キリスト教的な価値観が入り込んでいるアメリカ映画の特徴のひとつである。ディザスター映画の世界観は、始まりがあって終わり（または完成）があるという直線的なものになっており、終末の訪れに際し、罪を犯した者は生き残ることができないという法則が徹底されている。

　2014年から同志社大学神学部で「アメリカ映画とキリスト教」という授

あとがき

業を開講しているが、上述のようなアメリカ映画に隠されたキリスト教の影響について、学生たちは興味深く聞いてくれる。加えて、アメリカ映画を神学の授業で使用する利点は、それが神学のエッセンスを伝える比喩として役に立つという点である。特に、非キリスト教徒の学生が9割以上を占める講義に、映画の使用は有効である。例えば、イエス・キリストが神性と人性のふたつの本性を持つという両性説を説明する際、『スーパーマン』の映画が役に立つ。また、『スター・ウォーズ』シリーズのエピソード1でアナキン・スカイウォーカーがフォース（聖霊のような存在）によって母の胎に宿ったというプロットを端緒にして、イエスの誕生や受肉についても考えることができる。学生たちにとって身近なアメリカ映画を使用して神学の授業を行うと、彼らは実に積極的に学んでくれる。読者の皆さんにも、アメリカ映画を通して神学やキリスト教の一側面について知ることの面白さを本書で伝えることができればと願っている。そして、これらの知識を持ってアメリカ映画を観た時、それまでの何倍も興味深く感じていただけたら幸いである。

　初めてお会いする方から研究テーマについて尋ねられた際、「アメリカ映画とキリスト教についての研究をしている」と言うと、「そういうテーマで学術的研究が成立するのか」と問われたり、映画に興味がない方にはつまらなさそうな顔をされたりすることがある。おそらく別の大学で別の指導教員のもとで研究を行っていたら、研究テーマの変更を求められていたと思う。その点においても、最初に私の研究を面白いと言ってくださった森先生には本当に感謝している。私が大学院2年目の秋、牧師になるか研究者になるかの岐路に立って迷っていた際に、先生は「両方やったらええやんか」「君ならできる」と言って背中を押してくださった。森先生のこのひとことがなければ研究を続けることはなかったと思う。

　キリスト教の「時」の概念はふたつある。ひとつはクロノスで、一般的な流れゆく時のことである。もうひとつはカイロスで、歴史の中でたった

一度きり起こる決定的な瞬間や事件のことを意味する。当然、カイロスのほうが重要で、イエス・キリストが十字架にかけられたことはカイロスであったし、キリスト教徒が待ち望む究極のカイロスはイエス・キリストの再臨である。私にとってこの決定的な「時」を意味するカイロスは、2003年4月に同志社大学神学部に入学したことである。当初は家の都合で、別の大学の違った学部を第一志望にしていたが、そちらとは縁がなかった。それでなぜ神学部を受験することになったのか、私自身よく分からない。神の不思議な御手による導きがあったとしか思えない出来事である。

　もしその時に神学部に入学していなければ、生涯の恩師となる野本真也先生（同志社大学名誉教授、日本基督教団・賀茂教会牧師）と関谷直人先生（同神学部教授、実践神学担当）に出会うこともなかっただろう。野本先生は、私が伝道師として奉仕している教会の主任牧師であり、私を信仰に導いてくださった方である。野本先生は1966年にハンブルク大学において聖書学の分野で博士号を取得された。先生は聖書学に留まらず、あらゆる神学の知識や深い教養をお持ちであり、私にとっては何でもできるスーパー・ヒーローのような人である。また関谷先生は、大学で私が担当している実践神学という分野の中でも特に牧会学の専門家であり、私の直接の上司である。関谷先生には学生時代にずいぶんと厳しく指導され、何度も本気で怒られた。人を相手にする牧会にはある程度の才能が必要であるが、天与の才に欠けていた私を先生は最低ラインまで引き上げてくださった。大学院で関谷先生から説教学や臨床牧会訓練を学んでいなければ、今頃、私は人間関係で誤った対応を繰り返していたと思う。野本先生と関谷先生には無理を言って博士論文の副査になっていただいたが、論文指導よりもさらに広い範囲で、牧師として、神学者として、それから人として生きていく上で重要なことをこのおふたりから学んだ。今も教会と大学でおふたりから学び続けている。私がピンチに陥った際はいつも助けていただき、神の愛が我々の生きるこの世界で実際どのように働くのかということを先生方

あとがき

を通して私は知った。おふたりには、返せないほど多くの愛の負債を私は負っている。この場をお借りして、野本先生と関谷先生に深く御礼を申し上げたい。

　もうひとり、神学部（正確に言うと野本先生）を通して出会った、私が敬愛する方は、佐藤優先生（同神学部客員教授、作家）である。佐藤先生は2015年から神学部で特別講座を開講されており、私も学生に混じって教えを受けることができるという特別な機会を与えられた。教員になって以来、しばらく謙虚な姿勢で学ぶということを怠っていた私にとって、この出会いはとても大きなものであった。佐藤先生という「知の巨人」に出会うことで、しばらくオフになっていた知的やる気スイッチがもう一度オンになった。佐藤先生は、学生が学びのために求める本は何でも与え、とことん学生と付き合い、知的な種を学生たちに蒔いている。心の質が良い学生に蒔かれた種は、いつか生え出て百倍の実を結ぶだろう。佐藤先生からは本書についても有益な助言をいただき、とても感謝している。

　私の研究は、このように多くの先生方に支えていただいて博士論文という形になった。そして、それを書籍化するにあたっては、キリスト新聞社の金子和人社長と友川恵多氏に足を向けて寝られないほどお世話になった。金子社長と友川氏にはだいぶ無理を聞いていただき、大変申し訳ない思いと、感謝の気持ちでいっぱいである。どうもありがとうございました。

2016年11月18日　今出川にて

木谷佳楠

参考文献一覧

森孝一『宗教からよむ「アメリカ」』(講談社、1996年)。

Alexis, Jonas E. *Christianity's Dangerous Idea: How the Christian Principle & Spirit Offer the Best Explanation for Life & Why Other Alternatives Fail*, vol. 1 (AuthorHouse, 2010).

Archer, Gleason L. *Three Views on the Rapture: Pre-; Mid-; or Post-Tribulation Counterpoints* (Zondervan, 1996).

Balint, Benjamin. *Running Commentary: The Contentious Magazine That Transformed the Jewish Left into the Neoconservative Right* (PublicAffairs, 2010).

Balio, Tino. *The American Film Industry* (University of Wisconsin Press, 1985).

Baugh, Lloyd. *Imaging the Divine: Jesus and Christ-Figures in Film* (Sheed & Ward, 1997).

Beauchamp, Cari. *Without Lying Down: Frances Marion and the Powerful Women of Early Hollywood* (Scribner, 1997).

Behlmer, Rudy. *Memo from Darryl F. Zanuck: The Golden Years at Twentieth Century-Fox* (Grove Press, 1995).

Benjamin, Walter, et al. *The Work of Art in the Age of Its Technological Reproducibility, and Other Writings on Media* (Harvard University Press, 2008).

Bernstein, Matthew. *Controlling Hollywood: Censorship and Regulation in the Studio Era* (Rutgers University Press, 2000).

"Bitter Dispute over Baby Doll," *Life*, vol. 42, no. 1 (Jan 7, 1957).

Black, Gregory D. *The Catholic Crusade against the Movies, 1940-1975* (Cambridge University Press, 1998).

_____. *Hollywood Censored: Morality Codes, Catholics, and the Movies* (Cambridge University Press, 1996).

Blumhofer, Edith Waldvogel. *Aimee Semple McPherson: Everybody's Sister*, Library of Religious Biography (W.B. Eerdmans Pub. Co., 1993).

Boys, Mary C., et al. *Perspectives on the Passion of the Christ: Religious Thinkers and Writers Explore the Issues Raised by the Controversial Movie*, 1st ed. (Miramax Books, 2004).

Brown, Karl. *Adventures with D. W. Griffith* (Da Capo Press, 1976).

Carroll, Bret E. ed. *American Masculinities: A Historical Encyclopedia* (SAGE Publications, 2003).

Carter, Dan T. *The Politics of Rage: George Wallace, the Origins of the New Conservatism, and the Transformation of American Politics*, 2nd ed. (LSU Press, 2000).

Ceplair, Larry, and Steven Englund. *The Inquisition in Hollywood: Politics in the Film Community, 1930-1960* (University of California Press, 1983).

Christie, Ian, and David Thompson. *Scorsese on Scorsese* (Faber and Faber, 1990).

"Clergy vs. Clergy on 'Temptation' Film," *Sacrament Bee* (August 18, 1988).

Cox, Harvey. *The Secular City: Secularization and Urbanization in Theological Perspective* (Macmillan, 1965).

DeMille, Cecil B. *The Autobiography of Cecil B. DeMille*, Cinema Classics (Prentice Hall, 1959).

Diamond, Sara. *Spiritual Warfare: The Politics of the Christian Right* (Black Rose Books, 1990).

Dick, Bernard F. *Radical Innocence: A Critical Study of the Hollywood Ten* (University Press of Kentucky, 1989).

DiMare, Philip C. *Movies in American History: An Encyclopedia*, vol. 3 (ABC-CLIO, 2011).

Dixon, Wheeler W. *Film and Television after 9/11* (Southern Illinois University Press, 2004).

Doherty, Thomas. *Hollywood's Censor: Joseph I. Breen and the Production Code Administration* (Columbia University Press, 2007).

_____. *Pre-Code Hollywood: Sex, Immorality, and Insurrection in American Cinema: 1930-1934* (Columbia University Press, 1999).

Draper, Ellen. "Controversy Has Probably Destroyed Forever the Context: The Miracle and Movie Censorship in America in the 1950s," in *Controlling Hollywood: Censorship and Regulation in the Studio Era*, edited by Matthew Bernstein (Rutgers University Press, 1999).

Dyke, Fred Van. *Between Heaven and Earth: Christian Perspectives on Environmental Protection* (ABC-CLIO, 2010).

Ebert, Roger. *Scorsese by Ebert* (University of Chicago Press, 2008).

Elliott, Ernest Eugene. *How to Fill the Pews* (The Standard Publishing Company, 1917).

Ellwood, Robert S. *One Way: The Jesus Movement and Its Meaning* (Prentice Hall, 1973).

Erens, Patricia. *The Jew in American Cinema* (Indiana University Press, 1988).

Eyman, Scott. *The Speed of Sound: Hollywood and the Talkie Revolution, 1926-1930* (Simon and Schuster, 1997).

Fahlbusch, Erwin, ed. *The Encyclopedia of Christianity.* vol. 5: Wm. B. Eerdmans Publishing, 2008.

Film Weekly (August 31, 1934).

Foster, Gwendolyn Audrey. *Women Film Directors: An International Bio-Critical Dictionary* (Greenwood Publishing Group, 1995).

Friedman, Jonathan C. *Rainbow Jews: Jewish and Gay Identity in the Performing Arts* (Lexington Books, 2007).

Gazzara, Ben. *In the Moment: My Life as an Actor* (Da Capo Press, 2005).

Gelb, Arthur, and Barbara Gelb. *O'neill: Life with Monte Cristo* (Applause Theater Books, 2002).

Grieveson, Lee, and Peter Krämer. *The Silent Cinema Reader* (Routledge, 2004).

"Griffith Forced to Re-Take Scenes in 'Mother and Law'," *Variety*, vol. 42, no. 6 (April 7, 1916).

Haberski, Raymond J. *Freedom to Offend: How New York Remade Movie Culture* (The University Press of Kentucky, 2007).

Hollywood Free Paper, vol. 4, no. 7 (July 1972).

The Homiletic Review, vol. 105-106 (Funk & Wagnalls, 1933).

Hoover, Stewart M., and Lynn Schofield Clark. *Practicing Religion in the Age of the Media: Explorations in Media, Religion, and Culture* (Columbia University Press, 2002).

Hurley, Neil P. "On the Waterfront: Rebirth of a 'Contenduh'," in *Image and Likeness: Religious Visions in American Film Classics*, edited by John R. May (Paulist Press, 1992).

"Ingrid Bergman Has a Baby," *Life*, vol. 28, no. 7 (Feb 13, 1950).

"Is God Dead?," *Time*, vol. 87, no. 14 (April 8, 1966).

Johnson, William Bruce. *Miracles & Sacrilege: Roberto Rossellini, the Church and Film Censorship in Hollywood* (University of Toronto Press, 2008).

Johnston, Robert K. *Reel Spirituality: Theology and Film in Dialogue*, 2nd ed., Engaging Culture (Baker Academic, 2006).

Jones, Edgar DeWitt, ed. *American Preachers of to-Day: Intimate Appraisals of Thirty-Two Leaders: The Bobbs-Merrill Company*, 1933.

Kay, Glenn, and Michael Rose. *Disaster Movies* (Chicago Review Press, 2006).

Kazan, Elia, and William Baer. *Elia Kazan: Interviews* (University Press of Mississippi, 2000).

Kelly, Mary Pat. *Martin Scorsese: A Journey* (Thunder's Mouth Press, 2004).

Kerr, Clark. *The Gold and the Blue: A Personal Memoir of the University of California, 1949-1967*, vol. 2 (University of California Press, 2001).

Koppes, Clayton R., and Gregory D. Black. *Hollywood Goes to War: How Politics, Profits, and Propaganda Shaped World War Ii Movies* (University of California Press, 1990).

Koszarski, Richard. *An Evening's Entertainment: The Age of the Silent Feature Picture, 1915-1928* (University of California Press, 1994).

Landes, Richard Allen. *Heaven on Earth: The Varieties of the Millennial Experience* (Oxford University Press, 2011).

Lang, J. Stephen. *Bible on the Big Screen: A Guide from Silent Films to Today's Movies* (Baker Books, 2007).

LaSalle, Mick. *Complicated Women: Sex and Power in Pre-Code Hollywood* (St. Martin's Press, 2000).

Lev, Peter. *Transforming the Screen, 1950-1959* (University of California Press, 2006).

Life, vol. 5, no. 3 (July 18, 1938).

Lindlof, Thomas R. *Hollywood under Siege: Martin Scorsese, the Religious Right, and the Culture Wars* (The University Press of Kentucky, 2008).

Lindvall, Terry. *Sanctuary Cinema: Origins of the Christian Film Industry* (New York University Press, 2007).

Lindvall, Terry, and Andrew Quicke. *Celluloid Sermons: The Emergence of the Christian Film Industry, 1930-1986* (New York University Press, 2011).

The Literary Digest (June 23, 1934).

Lyden, John. *Film as Religion: Myths, Morals, and Rituals* (New York University Press, 2003).

Malin, Brenton J. *American Masculinity under Clinton: Popular Media and the*

Nineties "Crisis of Masculinity" (Peter Lang Publishing, 2005).

Malone, Aubrey. *Sacred Profanity: Spirituality at the Movies* (Praeger, 2010).

Maltby, Richard. "The King of Kings and the Czar of All the Rushes: The Propriety of the Christ Story," in *Controlling Hollywood: Censorship and Regulation in the Studio Era*, edited by Matthew Bernstein (The Athlone Press, 2000).

Mann, William J. *Behind the Screen: How Gays and Lesbians Shaped Hollywood, 1910-1969* (University of Michigan, 2001).

Marowitz, Charles. *Stage Dust: A Critic's Cultural Scrapbook from the 1990s* (Scarecrow Press, 2001).

Marra, Kim. *Strange Duets: Impresarios and Actresses in the American Theatre, 1865-1914*, Studies in Theatre History and Culture (University of Iowa, 2006).

Marsh, Clive, and Gaye Ortiz. *Explorations in Theology and Film: Movies and Meaning* (Blackwell, 1998).

Marti, Gerardo. *Hollywood Faith: Holiness, Prosperity, and Ambition in a Los Angeles Church* (Rutgers University Press, 2008).

Mazur, Eric. *Encyclopedia of Religion and Film* (ABC-CLIO, 2011).

McDannell, Colleen. *Catholics in the Movies* (Oxford University Press, 2007).

McGee, Kristin A. *Some Liked It Hot: Jazz Women in Film and Television, 1928-1959* (Wesleyan University Press, 2009).

McLuhan, Marshall. *Understanding Media: The Extensions of Man*, 2nd ed. (Routledge, 2001).

McMahan, Alison. *Alice Guy Blaché: Lost Visionary of the Cinema* (Continuum, 2002).

Mitchell, Jolyon. "Theology and Film," in *The Modern Theologians: An Introduction to Christian Theology since 1918*, edited by David. Ford and Rachel. Muers (Blackwell, 2005).

Murphy, Brenda. *Tennessee Williams and Elia Kazan: A Collaboration in the Theatre* (Cambridge University Press, 1992).

Musser, Charles. *The Emergence of Cinema: The American Screen to 1907* (University of California Press, 1994).

―――. "Passions and the Passion Play: Theater, Film, and Religion in America, 1880-1900," in *Movie Censorship and American Culture*, edited by Francis G. Couvares (University of Massachusetts Press, 2006).

New York Magazine (Sep 24, 1979).

New York Times (January 15, 1951).

New York Times (Aug 11, 1966).

New York Times (March 22, 1999).

Northcott, Michael S. *An Angel Directs the Storm: Apocalyptic Religion and American Empire* (I. B. Tauris, 2004).

Nye, Joseph S. *Soft Power: The Means to Success in World Politics* (Public Affairs, 2004).

The Pacific, vol. 66, no. 27-52 (J. W. Douglas, 1916).

Parker, Alison M. "Mothering the Movies: Women Reformers and Popular Culture," in *Movie Censorship and American Culture*, edited by Francis G. Couvares (University of Massachusetts Press, 2006).

Phillips, Kendall R. *Controversial Cinema: The Films That Outraged America* (Praeger, 2008).

Prince, Stephen. *Visions of Empire: Political Imagery in Contemporary American Film* (Praeger, 1992).

Prothero, Stephen. *American Jesus: How the Son of God Became a National Icon* (Straus and Giroux, 2003).

"Rallying for Jesus," *Life*, vol. 72, no. 25 (June 30, 1972).

Rapf, Joanna E. *On the Waterfront* (Cambridge University Press, 2003).

Reinhartz, Adele. *Jesus of Hollywood* (Oxford University Press, 2007).

Roberts, ed. *The Sins of Hollywood: An Exposé of Movie Vice!* (The Hollywood Publishing Company, 1922).

Roberts, Jeremy. *Bob Dylan: Voice of a Generation* (Twenty-First Century Books, 2005).

Rose, Frank. *The Agency: William Morris and the Hidden History of Show Business* (HarperCollins, 1995).

Rosen, Fred. *The Historical Atlas of American Crime* (Infobase Publishing, 2005).

Rossell, Deac. *Living Pictures: The Origins of the Movies* (State University of New York Press, 1998).

Schatz, Thomas. *Boom and Bust: American Cinema in the 1940s* (University of California Press, 1999).

Seger, Linda. *When Women Call the Shots: The Developing Power and Influence of Women in Television and Film* (iUniverse, 2003).

Shaw, Tony. *Hollywood's Cold War* (Edinburgh University Press, 2007).

Sklar, Robert. *Movie-Made America: A Cultural History of American Movies* (Vintage Books, 1994).

Smith, Oran P. *The Rise of Baptist Republicanism* (New York University Press, 1997).

Sperling, Cass Warner, et al. *Hollywood Be Thy Name: The Warner Brothers Story* (University Press of Kentucky, 1998).

Starker, Steven. *Evil Influences: Crusades against the Mass Media* (Transaction Publishers, 2012).

Starr, Kevin. *Inventing the Dream: California through the Progressive Era*, vol. 2 (Oxford University Press, 1985).

Stowe, David W. *No Sympathy for the Devil: Christian Pop Music and the Transformation of American Evangelicalism* (University of North Carolina Press, 2011).

Sutton, Matthew Avery. *Aimee Semple McPherson: and the Resurrection of Christian America* (Harvard University Press, 2009).

Tatum, W. Barnes. *Jesus at the Movies: A Guide to the First Hundred Years* (Polebridge Press, 2004).

Thomas, Cal. *Uncommon Sense: A Layman's Briefing Book on the Issues*, 1st ed. (Wolgemuth & Hyatt, 1990).

Thompson, Francis H. *The Frustration of Politics: Truman, Congress, and the Loyalty Issue, 1945-1953* (Fairleigh Dickinson University Press, 1979).

Thompson, Mark D. "Luther on Despair," in *The Consolations of Theology*, edited by Brian Rosner (Wm. B. Eerdmans Publishing, 2008).

Time, vol .90, no. 23 (December 8, 1967).

Time, vol. 97, no. 26 (June 28, 1971).

"Time on the Cross," *New York Magazine*, vol. 21, no. 34 (August 29, 1988).

Torry, Robert, and Paul V.M. Flesher. *Film and Religion: An Introduction* (Abingdon Press, 2007).

Turner, John G. *Bill Bright & Campus Crusade for Christ: The Renewal of Evangelicalism in Postwar America* (University of North Carolina Press, 2008).

Tylor, Edward Burnett. *Primitive Culture: Researches into the Development of Mythology, Philosophy, Religion, Art, and Custom* (John Murray, 1871).

Vanhala, Helena. *The Depiction of Terrorists in Blockbuster Hollywood Films, 1980-2001: An Analytical Study* (McFarland, 2011).

Variety (November 12, 2001).

Variety (December 3, 2001).

Wallinger, Hanna. *Transitions: Race, Culture, and the Dynamics of Change* (LIT Verlag, 2006).

Walsh, Richard G. *Reading the Gospels in the Dark: Portrayals of Jesus in Film* (Trinity Press International, 2003).

West, Cornel. *Democracy Matters: Winning the Fight against Imperialism* (Penguin Books, 2005).

Washington Post (November 20, 2001).

———. *Hope on a Tightrope: Words & Wisdom* (SmileyBooks, 2009).

———, and David Ritz. *Living and Loving out Loud: A Memoir* (Hay House, 2009).

Whalin, W. Terry. *Billy Graham: America's Greatest Evangelist* (Bethany House Publishers, 2002).

Whitfield, Stephen J. "Movies in America as Paradigms of Accommodation," in *Americanization of the Jews*, edited by Robert M. Seltzer and Norman J. Cohen (New York University Press, 1995).

Winston, Diane H. *Red-Hot and Righteous: The Urban Religion of the Salvation Army* (Harvard University Press, 1999).

Wittern-Keller, Laura. *Freedom of the Screen: Legal Challenges to State Film Censorship, 1915-1981* (University Press of Kentucky, 2008).

Wright, Melanie J. *Religion and Film: An Introduction* (I.B. Tauris, 2007).

Young, Jeff. *Kazan: The Master Director Discusses His Films: Interviews with Elia Kazan* (Newmarket Press, 2001).

映画製作倫理規定

(1934-66年)

前 文

　映画製作者は、世界中の人々が映画に対して寄せる高い信頼と信用を認識し、これこそが映画を普遍的な娯楽形態に作り上げたことを認めている。この映画に対する人々の信頼と、娯楽と芸術とが国民生活に対して与える多大な影響を念頭に置き、映画製作者は映画が世間に対して有する責任を痛感している。映画は本質的には娯楽であり、明らかな教育目的や政治的利用の目的は持たないが、娯楽の範囲内で映画が人々の霊的あるいは道徳的向上、より高次な社会生活のあり方、そしてより正しいものの考え方というものに対し、直接的に作用を及ぼす可能性があることを映画製作者は危惧している。サイレントからトーキーへと変化する時代の急速な流れに従って、映画製作者はトーキー映画製作を管理するための規約制定の必要性を認め、加えて規約制定は映画の持つ社会的責任を公に認める機会であると考える。映画製作者側の立場としては、映画制作の意図とその難題に対する同情ある理解と、映画を万人のための健全な娯楽としてより高い水準に到達させるために要する自由な権利と機会を許容する協調の精神を、一般聴衆ならびにその指導者たちに求めているのである。

基本原則

①観客の道徳的基準を下げるいかなる映画も制作されてはいけない。ゆえに、観客が犯罪や不正行為、悪や罪に同調するような映画の作り方をしてはならない。

②（私生活を描くことが）映画の物語の筋や娯楽として必要であるという前

提において、正しい生活水準のみが描かれるべきである。
③ 人間の法、自然の法、どちらも愚弄してはならない。これらに対する違反行為に観客が同調するように作ってはならない。

特定条項

Ⅰ 違法行為

次の項目について、観客が法と正義に反する犯罪に共感したり、模倣願望を起こさせたりするような表現をしてはならない。
① 殺　人
　（a）殺人の方法は、模倣願望を起こさせないような表現をしなければならない。
　（b）残忍な殺人を細部にわたって映し出してはならない。
　（c）現代における復讐は正当化されてはならない。
② 犯罪の方法は明確に示されてはならない。
　（a）窃盗、強盗、金庫破り、および列車、鉱山、建物などの爆破は、その方法を詳細に示してはならない。
　（b）放火に関しても（a）と同様の措置が取られなければならない。
　（c）銃器の使用は必要最低限にとどめられなければならない。
　（d）密輸の方法を見せてはならない。
③ 違法な麻薬取引は決して示してはならない。
④ 映画の筋立てや登場人物特有の性格描写に必要ではない限り、アメリカでの日常生活における酒類の使用は禁ずる。

Ⅱ 性

結婚制度と家庭の神聖さは守られなければならない。映画は、低級な性

的関係が世間に認められたものであるとか、一般的なことであるかのように示してはならない。

① 不倫や不義は、物語の題材として必要な時もあるが、これらをはっきりと扱ったり、正当化したり、あるいは魅力的に描いたりしてはならない。
② 情熱的な場面
　(a) 情熱的な場面は、どうしても筋立てに必要不可欠である場合以外は登場させるべきではない。
　(b) 過度で情欲的なキス、情欲的な抱擁、挑発的な姿勢や仕草を示してはならない。
　(c) 概して情熱的な場面は、観客の低級で卑しい情動を刺激しないような方法で扱われるべきである。
③ 誘惑あるいはレイプ
　(a) これらに関しては、暗示される以上の表現は許されず、かつ筋立てに必要不可欠な場合に限られる。これらについての明確な方法は決して示されてはならない。
　(b) これらは喜劇にとっての適切な題材には決してなり得ない。
④ 性倒錯や、それと推定されるものすべてが禁止されている。
⑤ 強制売春は決して扱ってはならない。
⑥ 異人種間混交（白人と有色人種間の性的関係）は禁止されている。
⑦ 性衛生や性病などは劇場映画にとって相応しい題材ではない。
⑧ 出産の場面は、実際の人物はもちろんのこと、シルエットでも決して表してはならない。
⑨ 子供の性器は決してさらされてはならない。

III 不品行

必ずしも邪悪ではなくとも、低級で汚らわしく不快な題材は、常に良識を持ち、聴衆の感性を正しく配慮しつつ扱われなければならない。

IV 猥褻な事柄

猥褻な言葉、仕草、言及、歌、冗談、あるいは暗示（たとえ観客の一部にしか理解されそうにない場合でも）は、一切禁止されている。

V 罵り言葉

明白な冒瀆、ならびにあらゆる冒瀆的な表現や低俗な表現は、いかなる場合でも許されない。映画製作倫理規定管理局は、以下の単語や表現を含む映画に対しては決して承認印を出さない。ただし、承認されない表現については以下の限りではない。

- 女性に対して使われた場合の単語……Alley cat（尻軽女）、bat（売春婦）、broad（売春婦）、chippie（浮気女）、cocotte（売春婦）、fanny（女性器）、hot（好色な）、slut（ふしだらな女）、Madam（売春宿の女将）、tart（ふしだらな女）、whore（売春婦）。
- 男性に対して使われた場合の単語……fairy（同性愛の男性）、SOB.（最低男、畜生）、son-of-a（最低男、畜生）、nance（「女々しい」男性）、nerts、nuts（睾丸）、pansy（腰抜け）、tom cat（女たらし）。
- その他……Bronx cheer, razzberry（下品な音）、the finger（中指を立てること）、goose（ばか）、"hold your hat" or "hats""in your hat"（セックスをすることの隠語）、louse（嫌なやつ）、lousy（最低）、toilet gags（下ネタ）、traveling salesman and farmer's daughter jokes（訪問セールスマンと一晩宿を貸した農家の娘という設定のセックス・ジョーク）、God, Lord, Jesus, Christ（神、主、イエス、キリスト。ただし、これらは悪態をつく時に使用された場合に限られており、神を敬って使う場合は除く）、cries of fire（「火事だ！」と叫ぶこと）、Gawd（Godの変化形）、cripes（Christの変化形）、damn（畜生！）、hell（驚き・怒り・嫌悪・困惑の強調）。

（最後の二語に関しては、映画の中で必要不可欠、かつ適切な歴史的文脈の中で歴史的事実や民間伝承に基づいた場面や会話、聖書からの文学的引用、宗教的な引用、あるいはしかるべき文学作品からの引用である場合は、禁止語に該当しない。ただし、本質的に不快感を与えたり、品位を損なったりするような場合、その使用は許容されない。）

映画製作倫理規定第V条の執行にあたり、同管理局は次のような単語や語句がアメリカ合衆国の観客、そして特に外国の観客に対して明らかに侮辱的なものであるという事実を認識している。Chink（中国人の蔑称）、Dago（ラテン系の人の蔑称）、Frog（フランス人の蔑称）、Greaser（中南米人の蔑称）、Hunkie（ハンガリー人労働者の蔑称）、Kike（ユダヤ人の蔑称）、Nigger（黒人の蔑称）、Spic（スペイン系アメリカ人の蔑称）、Wop（イタリア人の蔑称）、Yid（ユダヤ人の蔑称）。

VI 衣 装
①完全なヌードは決して許されない。これは実際の人物およびシルエットでのヌード、あるいは他の登場人物がそれに関して淫らに形容することも禁ずるものである。
②脱衣場面は避けられなければならない。そして、筋立てに必要不可欠な場合を除いては用いられてはならない。
③猥褻あるいは過度な露出は禁止されている。
④過度な露出、あるいは下品な動作を可能にすることを意図した舞踊の衣装を用いることは禁止されている。

VII 舞 踊
①性的な行動や下品な情欲を暗示、あるいは表現している舞踊は禁止されている。

②下品な動作を強調する舞踊は猥褻であると見なされる。

VIII 宗 教
①あらゆる映画もしくはその一部分で、いかなる宗教的信仰も愚弄されてはならない。
②聖職者を映画の役柄として登場させる場合、彼らを滑稽な人物、あるいは悪役として登場させてはならない。
③特定の宗教の祭式を扱う場合は、慎重と敬意をもって扱われなければならない。

IX 場面設定
寝室の扱いには良識と細心の注意を払うこと。

X 国民感情
①国旗の使用には常に敬意を払うこと。
②すべての国家の歴史、制度、著名な人物および一般市民の描き方は公正であること。

XI 題 名
猥褻、下品、卑猥な題名を使用してはならない。

XII 不快な題材
以下の事柄については良識の範囲内で注意して扱われなければならない。
①犯罪に対する法的措置としての絞首刑あるいは電気椅子による実際の処刑場面。
②拷問。
③残忍行為、ならびにその他の凄惨な行為。

④人間や動物に焼き印を押すこと。
⑤子供や動物に対する明らかな残虐行為。
⑥女性の人身売買、あるいは売春。
⑦外科手術。

木谷佳楠（きたに・かなん）

同志社大学神学部助教。日本基督教団・賀茂教会伝道師。2012年、同志社大学大学院神学研究科博士課程後期修了。2013-14年にかけてジョージタウン大学客員研究員。専門は、国内向けに文化と神学、国外向けには移民の宗教活動やアジアのキリスト教、エキュメニズムなど。共著 *Christianities in Migration: The Global Perspective* (Palgrave-Macmillan, 2015)、*Latin America between Conflict and Reconciliation* (Vandenhoeck & Ruprecht, 2012) 他。(役職は執筆当時)

編集・DTP制作：雑賀編集工房
装丁：桂川　潤

アメリカ映画とキリスト教──120年の関係史

2016年12月19日　第1版第1刷発行　　　　　　　　　　Ⓒ 木谷佳楠 2016
2018年 2月28日　第1版第2刷発行

著　者　木　谷　佳　楠
発行所　キリスト新聞社
〒162-0814　東京都新宿区新小川町9-1
電話 03-5579-2432
URL. http://www.kirishin.com
E-Mail. support@kirishin.com
印刷所　協友印刷

ISBN978-4-87395-710-4　C0016（日キ販）　　　　　　　　　　Printed in Japan

キリスト新聞社

現代に生きる信仰告白
改革派教会の伝統と神学

佐藤優●著

「地の塩」としてイエス・キリストの真実を証ししていく私たちキリスト教徒は、多くの課題を抱えている。いまこそ、危機の時代を背景に信仰と学知(体系知)を考察した神学者たちの知識を借り、その業績を追体験することが、日本の教会形成の手がかりとして求められている。
■四六判・168頁・1,700円

シネマで読む
アメリカの歴史と宗教

栗林輝夫、大宮有博、長石美和●著

名作映画からアメリカまるわかりガイド。話題のクラシックから現代映画を通して、アメリカ合衆国の誕生と軌跡をわかりやすく解説。本書で紹介する映画作品(抜粋)＝『コロンブス』『スカーレット・レター』『若草物語』『パトリオット』『リンカーン』『カラーパープル』『ゴッドファーザー』『プライベート・ライアン』。
■A5判・200頁・2,400円

アメリカ大統領の
信仰と政治
ワシントンからオバマまで

栗林輝夫●著

アメリカ歴代大統領のうち、時代を異にする著名な10人を取り上げ、それぞれの信仰歴、生まれ育った宗教環境、教会の所属を紹介し、信仰の成熟度、聖書や神学、宗教モラルに対する理解と、その信仰が大統領時代の政治と政策に与えた影響について考察する。
■四六判・310頁・2,000円

書籍の場合、重版の際に定価が変わることがあります。価格は税別。